JN197633

時間の花束

Bouquet du temps

[幸せな出逢いに包まれて]

三浦百恵
Momoe Miura

特別協力・鷲沢玲子

日本ヴォーグ社

時間（とき）の花束（ブーケ デュ タン） Bouquet du temps

『幸せな出逢いに包まれて』

●大作キルトの作品解説は、主に作品完成時に著した文章を生かしています。
●作品の仏文タイトルは、作品完成時に付けたものをそのまま生かしています。またキルトのパターン名やキルトの種類、既存の映画名などに関しては、英語表記をしています。
●作品の寸法は、ヨコ×タテで表しています。
●エピソードなどは、編集担当の取材・執筆です。

そのひと針は、とてもシンプルな思いから始まりました。

大切な家族のために、何かしたい

それは誰にも同じように、
妻になる道、母になる道の始まりに用意されている
純粋で温かい、胸を締めつけるような切ない一途な思いでした。

何か、自分の手でつくったものを、大切な人に贈りたい

ある日、
小さなきっかけから「キルト」のことを知ったとき、
手は、針と布を持っていました。

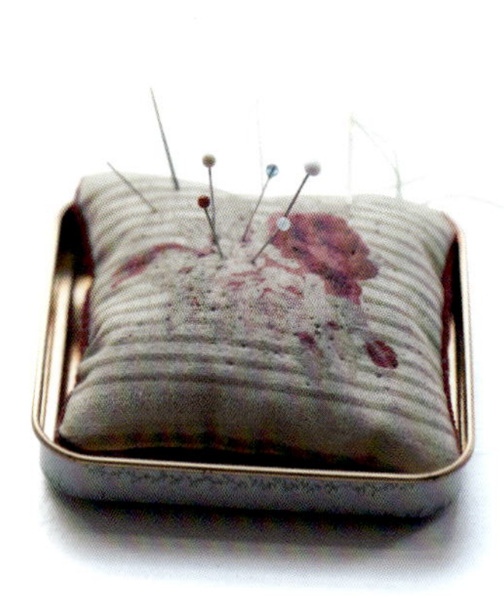

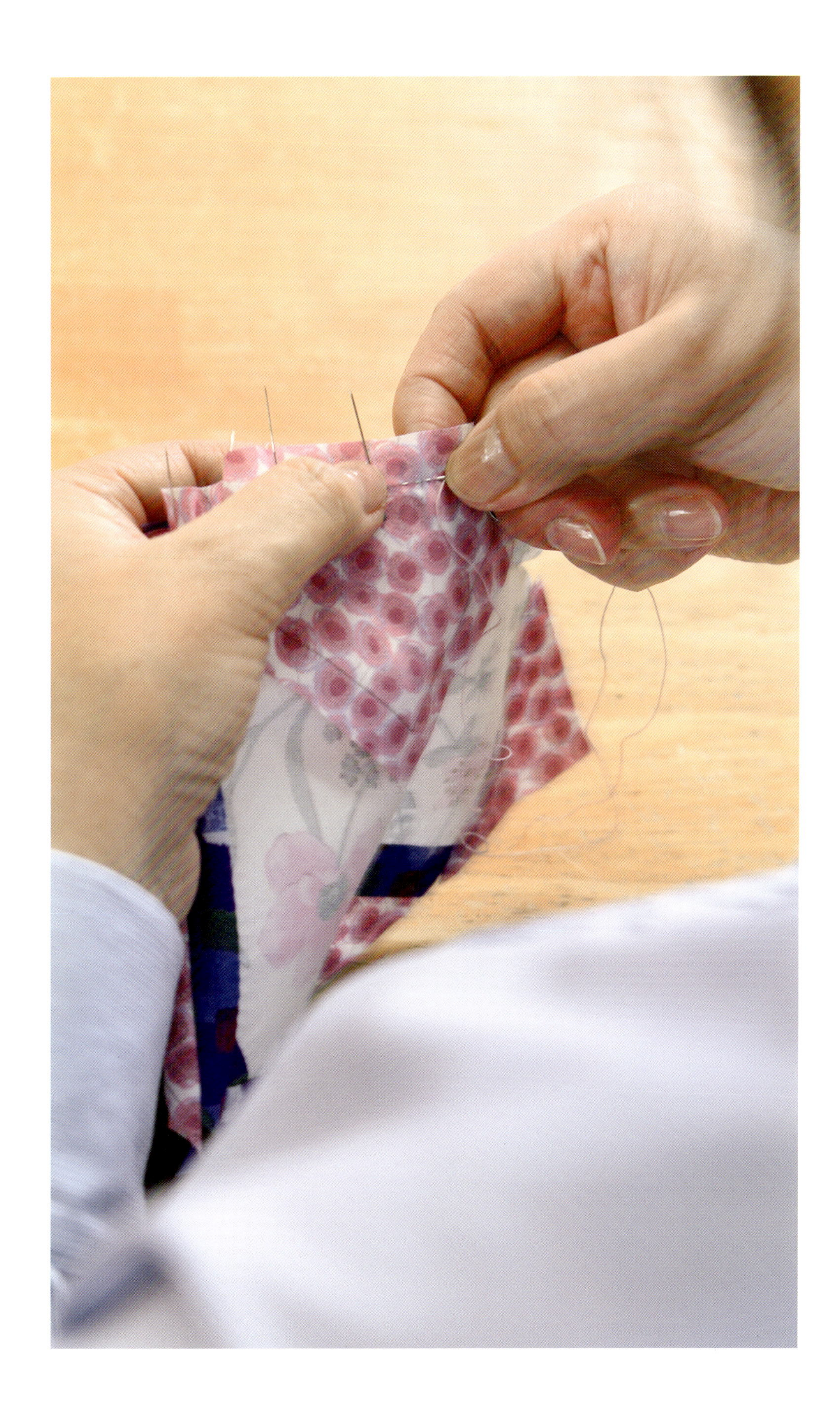

布の手触り、ちくちくと針を運ぶ時間、
教わる喜び、友らと語る伸びやかな時間、
そして何よりも大切な人の喜ぶ顔、

幾つもの笑顔に励まされて、
キルトづくりは今日まで続き、
自分の世界は広がりました。

キルトは、歩んできた時々のシーンを確実に縫い込んでいました。
キルトをつくること、そのこと自体にも助けられ、育てられました。
そんな「時間（とき）の恵み」を30年も重ねられ、幸せに思います。
本当に良い道を歩ませていただいていると感謝しています。

三浦百恵

ようこそ！

Soyez les bienvenus!

第1章

今、創り出せる幸せに感謝

Chapitre 1　Avec toutes mes reconnaissances pour la création

形にすること、表現すること…、
それができるのは、
30数年間の日々の、細やかな時間の積み重ねが与えてくれました。
想像もしていなかった新しい自分の一面を発見できることは、
無上の喜びです。

ここ数年間は、展示会に向けて、1年に1枚の大作キルトを仕上げる創作リズムです。
たとえテーマはあってもとらわれ過ぎず、心から希求する納得できるものを。
そして何かしらの新しい冒険を加えてチャレンジ。
――表現の使命はひとつ。その表現と出会う前と後で、その表現と出会った人のなにかを1ミリでも変えること※――
好きな言葉ですが、変えられているのは、いつも自分のような気がします。

※高崎卓馬著『表現の技術』（中公文庫）より

Soyez les bienvenus!

ようこそ！

キルトの花々のリースは、タイムトンネルの入り口。モネの終の住処となった、ジヴェルニーの庭の母屋に延びる「グラン・ダレ（散歩道）」で、花の手入れをしているモネが「我が家へようこそ！」と時を超えて訪ねてくる多くの人たちを、やわらかな笑顔で迎えてくれる。そんなイメージがキルティングの時間をとても楽しくしてくれました。

164×164㎝　コットン、麻、リボン　2019年

薔薇はただ咲くべくして咲いている──“Applaudissement”（称賛）

作品のダイナミックな分割構図は、あるテレビ番組のスタジオセットのレイアウトにヒントを得て。

手間のかかる薔薇の栽培は、ご褒美に、薔薇の一番美しい姿を教えてくれる。本人撮影

le silence, le calme, et la rose

静寂の薔薇

「世界で一番美しい家」と称されるレッド・ハウス。モリスが暮らしたその家は、まるで時間が止まったかのような静寂に満たされていました。庭には、初夏の日差しに映え、生き生きと美しく咲く薔薇。動きのある大胆なプリント布地に永い時間のゆるやかな流れを感じ、その中に凛と咲く1本の薔薇を縫い込めました。

184×213cm　コットン　2016年

ハートは大好きなモチーフ。
心、思いやり、愛情…、
失くしたくない一番大切なものを、
いつもとどめておきたいと思っています。

Voilà “Ma vie”

私の人生〜メグの場合〜

『若草物語』の四人姉妹の長女メグ。自分の大切なものを一つひとつきちんと選択し、人生を丁寧に紡いでゆく女性。そんなメグの最良の日「結婚」をイメージした優しく華やかなキルトに、旅先で出会ったヴィンテージの布やリボンをふんだんに使い、私自身の人生の時間も、ほんの少し重ねられました。

167×200cm　コットン、リボン　2018年

リボン刺繍をした、レースの手袋も添えて。

プロが為す建築デザインからは、
寸法や色彩などのバランス感覚を学ばされます。
キルトはそういう生活の知恵から
生まれてきたものなので、
余計心にすっと入ってきます。

ふと目に飛び込んでくる、印象的なモチーフ。
旅のサプライズにインスパイアされて。本人撮影

Le Vent Caresse les Champs

ローラへ…

旅先の、古い煉瓦造りの建物。その煉瓦の並べ方が素敵だったのでデザインの参考にしました。
色とりどりの小さな花が咲く草原。優しい風が、花たちをそっと揺らしてゆくイメージで、淡く、
境界線がやわらかく滲むような印象のキルトに仕上げたいと思いました。

154×164cm　コットン、リボン　2015年　『大草原の小さな家』をイメージ

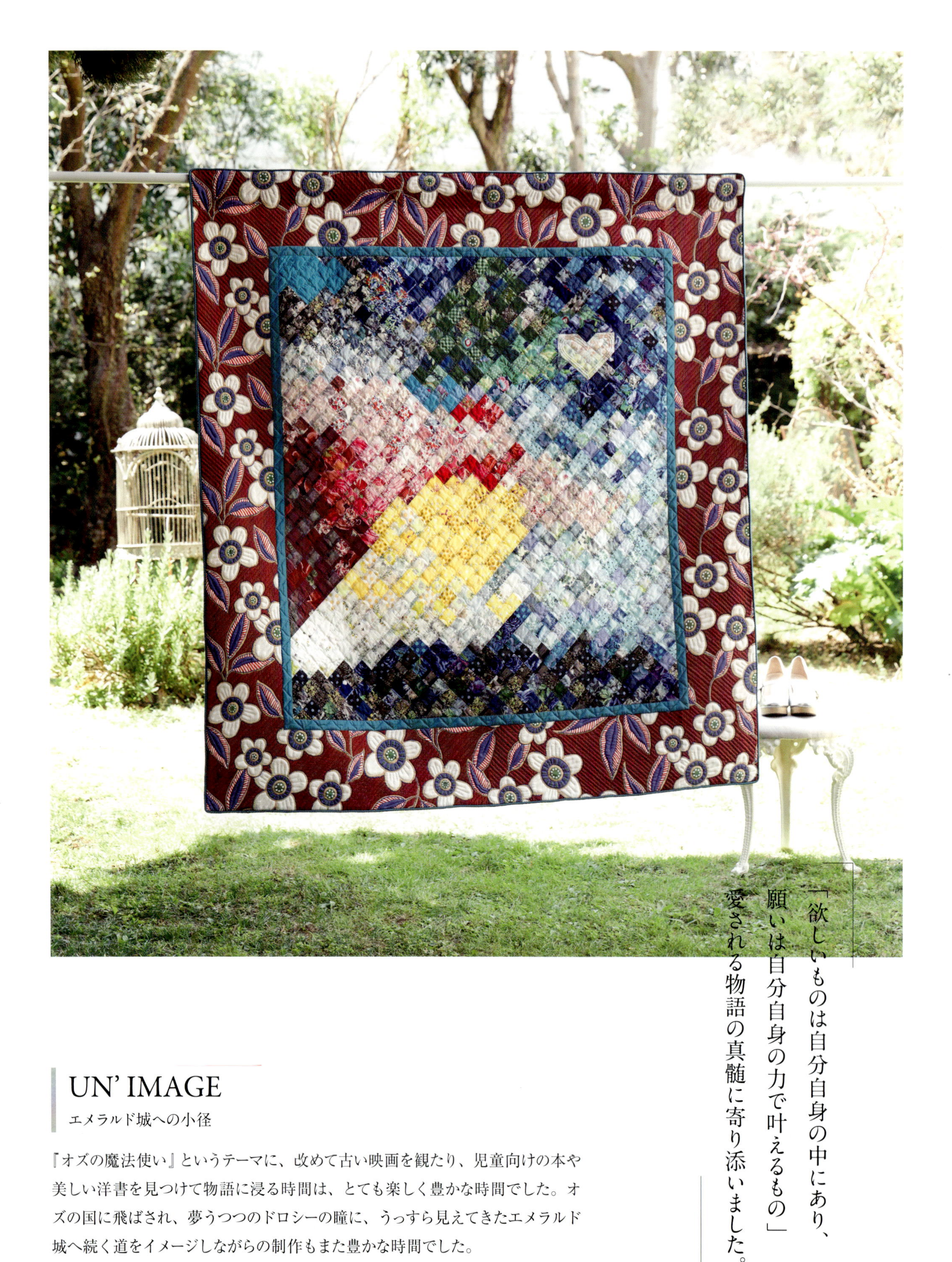

「欲しいものは自分自身の中にあり、
願いは自分自身の力で叶えるもの」
愛される物語の真髄に寄り添いました。

UN' IMAGE

エメラルド城への小径

『オズの魔法使い』というテーマに、改めて古い映画を観たり、児童向けの本や美しい洋書を見つけて物語に浸る時間は、とても楽しく豊かな時間でした。オズの国に飛ばされ、夢うつつのドロシーの瞳に、うっすら見えてきたエメラルド城へ続く道をイメージしながらの制作もまた豊かな時間でした。

144×153㎝　コットン　2017年

un peu, beaucoup, passionnément, à la folie, pas du tout

花占い

「すき」「きらい」をくり返す日本の花占いではなく、ユーモアとチクリとした毒と真剣さを織り交ぜたフランス語の花占いを楽しく感じていました。以前、旅先のフランスで一目惚れした美しいリボンが、リズム感を出してくれました。

158×158㎝　コットン、リボン　2013年

できた作品からは、
「風」や「リズム」を感じたい…。

上：ダブルウエディング・リングのパターンは、配色で風車が回っているように見える。
下：アップリケはハンカチーフの薔薇の柄を切り抜いて。

Le jardin bleu des angelets

天使たちの青い園

小さな天使たちが風に遊びながら楽しげに幸福を喜び、祝う。天使のプリントの麻布や大きなブルーの薔薇のプリントなど、布との出会いの大切さを改めて感じたキルトになりました。

166×166cm　コットン、麻、ハンカチーフ　2014年

そのことをいつも思っていれば、
必ず応えてくれる、と感じた瞬間。
心はいつもキルトのことを思っていて。

「ヨークのハート」と言われる大聖堂の写真。思い出を基に、幾つものプロセスを経て型紙を起こしながら、さらにピースワークやキルティングまでの調和を考えた緻密で周到な製図を作成。そして作品に成る。本人撮影

La Prière

祈り

メダリオンの中心のデザインを思案中、いつか旅先で見た大聖堂のハートを思い出しました。石畳の街を歩き、木立を抜け、ふと見上げた美しく壮大な大聖堂と、やわらかなハートに一瞬にして癒され、とても清々しい気持ちになった記憶をキルトに縫い込めたいと思いました。訪れる人たちの祈りに静かに耳を傾けながら、今もあの大聖堂は、歴史を刻んでいるのでしょう…。

226×169cm　コットン　2011年

ファースト・キルト物語 Ⅰ

「永遠の木―Tree Everlasting」。それは百恵さんが初めて手にした、小さなキルトのパターンの名前である。これが、本物のキルトとの初めての出会いだった。家庭を持ち、初めての子育てをしている百恵さんに、友人がお祝いにつくってくれたベビーキルトだった。

『白地に赤やピンクの三角が色とりどりに並ぶそのキルトに触れたとき、
なんてきれいなんだろう
なんて肌触りがいいんだろう
なんてあたたかいものなんだろう、
と、驚きました。そして時間が過ぎるほどに、手づくりへの静かな感動が増していったのです』

思えば、キルトをキルトだと知らずに、無意識に素敵だな、と心の片隅にとどめていたことはいくつかあったのだそうだ。例えば、映画の中で、キルトを纏って湖畔にたたずんでいるシーンとか、ベッドにかけてあるシーンとか…。

おぼろに、点と点がつながりつつあった…。

『彼女は、素敵な人でした。洗いざらしのコットンのように、せっけんの香りとお日様の匂いのする、笑顔の似合う手づくりが大好きな女性で…。

こんな針仕事ができる友人が、また一層素敵に思え、また思いもしない色の組み合わせのそのキルトが大好きになったのです』

新居に越して間もないある日、荷物の片付けを手伝いに来てくれた友人が、1冊のキルト雑誌を持ってきてくれた。当時、外出もままならない環境を気遣って、ちょっとした気分転換になれば…との、友人ならではの優しい心配りだった。

その雑誌を隅から隅までじっくり見ているうちに、「バスケット」のパターンの詳しいレッスンページに目が留まった。と同時に、手持ちのブロードの端切れを引っ張り出し、手は針と糸を持って、プロセスを追いながら縫い始めていた。

一枚できたら、『かわいい』と思った。『自分で縫ったものが、本にあったデザインと同じ形につくれた』とうれしくなった。何枚か縫って生地が無くなったとき、友人が同じプリント布を探して、また助けてくれた。そしてバスケットのパターンと無地を市松につないだ…。ここまでは何とか一人でできた。だが、あとがわからない…。

百恵さんは、また例のキルト雑誌をめくった。そこで自宅と同じ地域にある教室&ショップの「キルトおぶはーと」の情報を見つける。それは、誌面欄外に記載されている極小の文字で表記の、「よく見つけたものだ」と驚くような1行である。

ある時、意を決して百恵さんは「キルトおぶはーと」を訪ねた。初回のその時は、ボーダーの紫の布を探し求め、それをつないだら、次回は裏布とキルト綿の張り方を教えてもらう約束をして…。

2回目に訪れたときは裏布を選び、次回にキルティングを教えてもらう約束を…。

そして3回目、「キルトおぶはーと」の主宰者である鷲沢玲子さんに百恵さんは初めて出逢うのである。

鷲沢さんに「上手になりたいですか?」と聞かれた百恵さんは「はい」と答え、「それなら基礎から始めた方がいいわね」とキルトを習うことになり、師となった鷲沢先生の個人レッスンが始まった。

そして、初めてつくったこのバスケットのキルトは、制作中に義姉夫妻に子どもができたことが分かり、ベビーキルトとして差し上げることに決め、生まれたときに、お子様の名前を刺繍してプレゼントした。

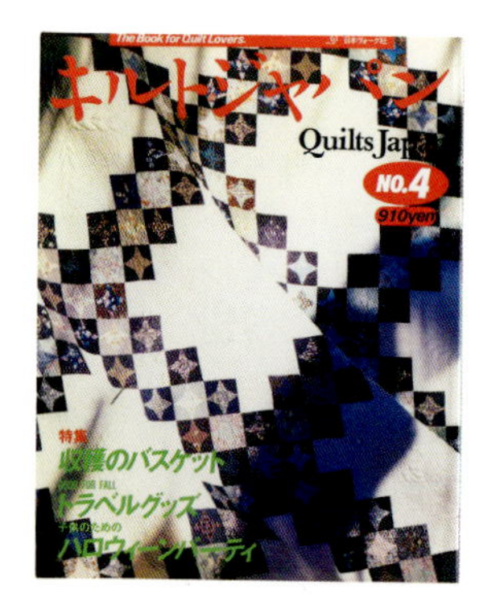

ファースト・キルトは、『キルトジャパンNo.4』(日本ヴォーグ社刊)の「バスケット」のレッスンページを見て始まった。その号は、奇しくも師となる鷲沢玲子さんの『トワイライトスター』の作品が表紙を飾っている。「バスケット」のパターンレッスン指導は、小関鈴子さんであった。

初めてのキルトは「バスケット」のパターンと「ハートの花」のキルティング。とても「独学」で「初めて」とは思えない出来栄え。ブロックには刺繍で綴ったイニシャルやメッセージなどが刺してあり、ハートフルな作品。
108×130cm　コットン　1988年

友人からのプレゼントキルト「永遠の木—Tree Everlasting」。友人がアパレル関係の方からいただいたというお洒落な布は褪せることなく、今も宝石のような煌めきで美しく輝いている。ところどころの擦り切れに、愛用した様子が伝わってくる。　64×90cm　コットン

友人のつくりかけのサンプラーキルトは、百恵さんが完成させた。明るい元気の出る、本人自身も大好きな黄色でまとめて。
87×126cm　コットン

友人のお孫さんを包み込むベビーキルトは、ピンク系で飛び切り愛らしく仕上げた。お人形も、百恵さんの手づくり。
106×106㎝　コットン

偶然と必然をくり返しながら、百恵さんのキルトの木はすくすくと若葉を付け始めたのであるが、大切な出会いもあれば言葉を失うような訣れもあった。キルトの道に導いてくれた友人の早過ぎる旅立ちであった。

友人が息子さんへのサンプラーキルトをつくっている途中だったことを知っていた百恵さんは、そのブロックを引き継ぎ、ひたすら完成に向けて縫った。

〝制作は密室の祈り〟、百恵さんは逝ってしまった友に、遺された幼い子どもに、ただ縫うことで祈ったに違いない。

時は経ち、幼子は成長して結婚し、女の子を授かった。友人が生きていたら一番にするであろうお孫さんへのベビーキルトづくりに百恵さんは取りかかった。多分こんな色合いにするのではないだろうか、と想像を重ねながら……。

こうして百恵さんを思いやってくれた友人の導きで始まったキルトは、まさにその友がもたらした「永遠の木―Tree Everlasting」の如く、時をとどめながら輪を広げ、感謝や祈り、そして輪廻をも包み込む太い幹となって、百恵さんの人生という大地に、すくっと根を張ったのである。

第2章

誰かを思い、時間(とき)を紡いできた

Chapitre 2　Tisser le temps en pensant à quelqu'un

キルトは日常生活の中で、小さな布つなぎから始まり、
時間を積み重ねて、いつか一枚の形になる。
それを目指してつくってはいるのだけれど、
いざ完成すれば、長い時間や苦心はまるで夢のよう…。
つくっていたときの家族のこと、季節の色合い、
耳にした音楽までも縫い込まれ、
確実に有った日常の時間が
愛おしく思い出されます。

琴線に触れた何かをパターンや色に置き換えて、
最後のピースがはまったように
ピタリと完成させることができたら、
それは本当にうれしい。

The Color Purple

カラーパープル

『カラーパープル』という映画の中で、コスモスの花が咲いているシーンが心に残りました。無意識に、外国誌で見て心に留めていたパターン「ワインディング・ウェイ　(曲がりくねった道)」と重なりました。カーブのある難しいパターンでしたが、『直線でも曲線でもいつかはマスターするパターン。作りたいと思ったなら、それこそが作るべき時』と鷲沢先生に背中を押していただき、弾むような気持ちで取り組んだ初めての大作です。

172×176㎝　コットン　1990年

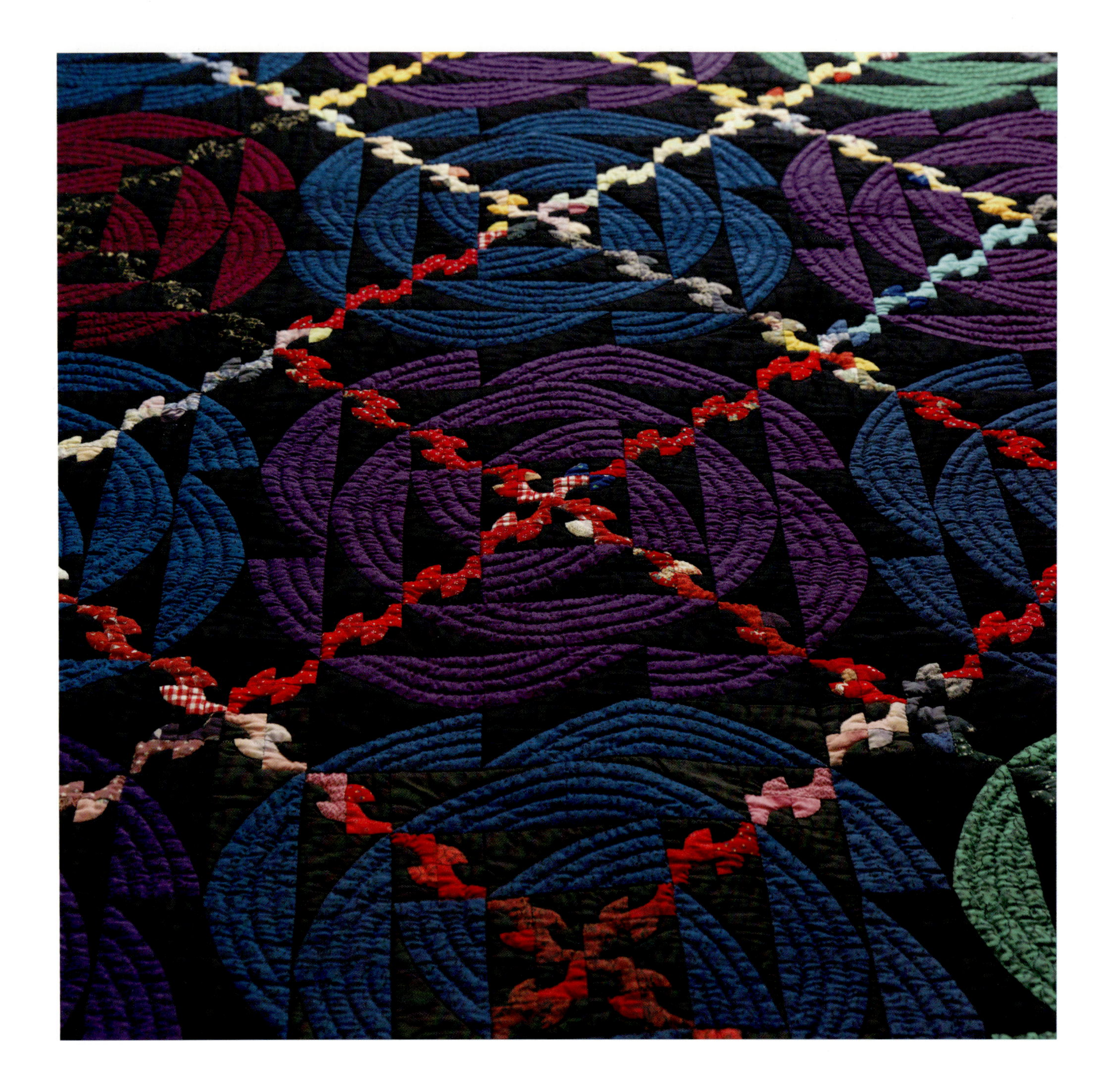

un beau rêve du déc.

12月の夢

一枚のキルトをつくろうとするとき、そこにはさまざまな出会いがあると感じた作品です。この作品は、まさに“布との出会い”から生まれました。紫・緑・赤、この原色の布を見た瞬間に、組み合わせる色は大好きな黒。パターンは、やはり大好きな「ドランカーズ・パス」でと、何ひとつ悩まずに仕上がりました。ただひとつタイトルに悩み、主人に頼んだところ、「12月の夢」と即答。「12月頃によく縫っていたような気がするから」だそうで、むしろ“Hard Working December”でしょうか。

180×220cm　コットン　1992年

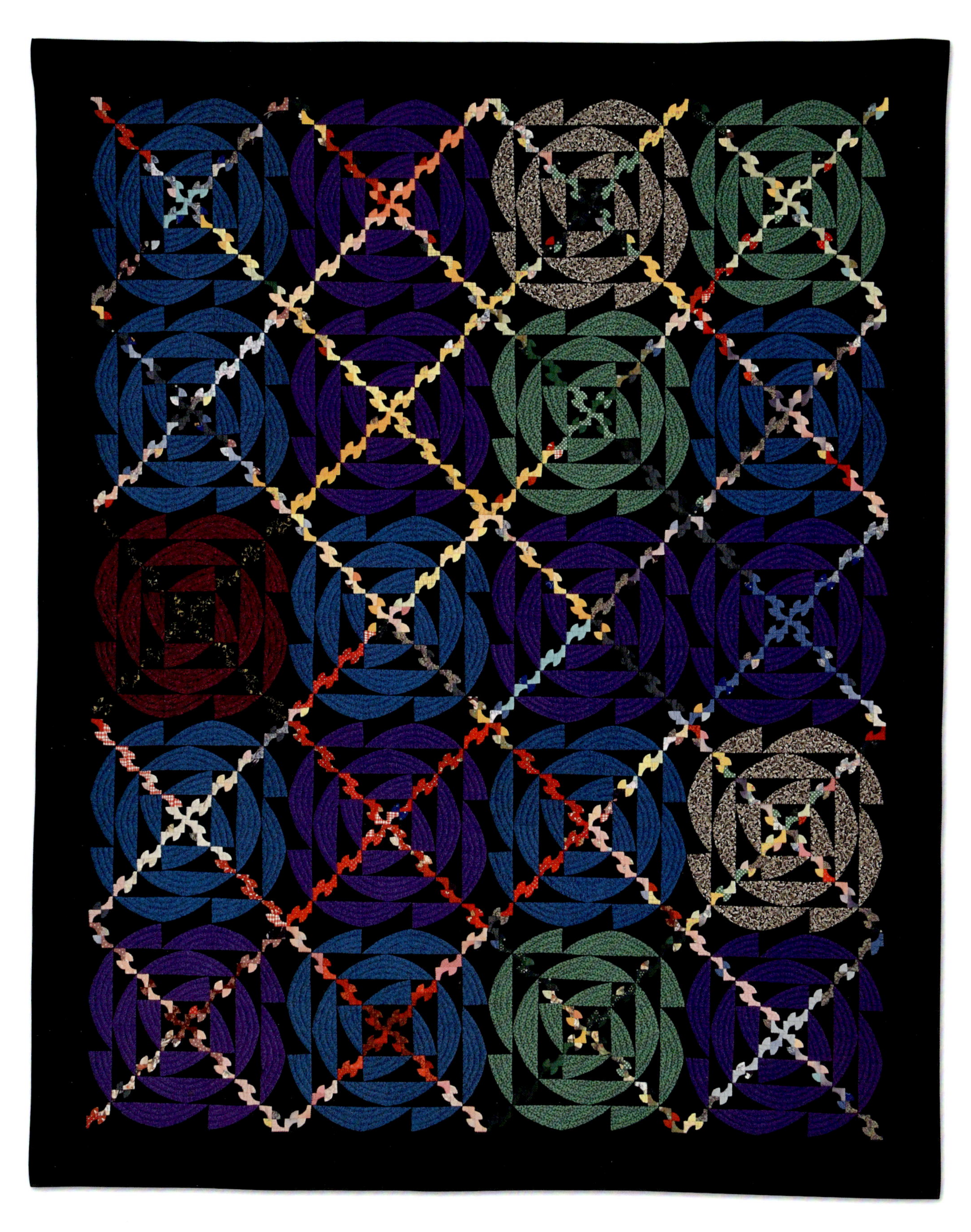

ドランカーズ・パスの間に、１辺が2.5㎝の小さなドランカーズ・パスを斜めに流したデザインは、ドランカーズ・パスが好きな故に生み出せたオリジナルで、４作目にしての力作。ひとつだけ赤紫のブロックがあるのは、神様以外完璧なことをしてはいけないというキルター・ジンクスを従順に尊重して。

見守ることの大切さを、今も教わり続けている。

le temps doux
ぬくもり

普段から和服を着ていることの多かった母の思い出を、いつか、キルトにしたいと思っていました。少し華やかな席にというときに、母が着ていた着物は、私の記憶の中の色よりもっと深みのある、味わい深い色合いで、キルトにして良かったと思っています。何より、母の華やいだ明るい笑顔を思い出すことのできるキルトを作ることができ、とても、温かな気持ちでいっぱいです。

218×180cm　着物、帯　1997年

洋裁も和裁も得意だった母。何かの折に「教えて」と言ったとき、「いやよ」と応えた母。「親子・兄弟はわがままが出るから、ものを教え合わない方がいいの。だから私は教えないわ」と言っていた母は、半纏（はんてん）（46pの作品）をつくる私の姿を見て、できるとは思っていなかった針仕事を始めたことを、実はとても喜んでくれていました。

母が逝ってからしばらくして、「お母様の着物でお正月に飾るキルトをつくったらどうかしら」という鷲沢先生の言葉は喪失感をぬくもりに変えてくれました。先生にいただいた和布や、仲間と一緒に骨董市で探した帯のボーダーも、もうひとつのぬくもりになりました。

万物が活気を取り戻す躍動の春は、
誰の人生にも優しい、自然の恵みにあふれている——。

光透ける緑の葉に、初々しく映える白い4枚の苞葉、その中に咲く楚々とした小花を立体的に表現した花みずき。斜めに配置したブロックが、葉の間からきらきらと射す光の動きを表しているかのよう。

Les Cornouillers

春らんまん

桜の花の賑わいの後、ふと心惹かれた花みずきをキルトにしました。楽しかった製図のとおりに、縫い進めてゆくことに苦労しましたが、またひとつ大好きなキルトができました。

172×182㎝　コットン、和布、サテン地　2000年

新しい形につくり直して再び輝かせる、
そんな営みを大切にしたい。

思いのほか、たくさんのヘクサゴンをつなぎ合わせることになったヴィンテージ・キルトの再利用は、友人宅のガレージセールで求めたバティックの布も使うことができ、うれしいリメイクになった。バリとバティックへのオマージュを込めて傘も制作。

Le Noctune

夜想曲

バティックの色や模様が大好きでした。数年前、知人から譲り受けた、バリ島で売られていたというパッチワークのベッドカバーに思い切ってはさみを入れ、何とか自分なりに、この小さな布たちを活かしたキルトにしたいと思いました。美しく、きらびやかな柄たちを黒の中に置くことで、その美しさをより際立たせることができました。小さな六角形をつないでできた星は、ずっと昔にバリ島で見た、南十字星をイメージしました。

直径190cm　バティック布　2002年

ステンドグラスのような輝き

小さな星の色について何色にしようかと思案し、息子さんに数枚の布地を見せたら、迷わず「これ！」と「青」を選んだのだとか。『それで決めたの』との経緯（いきさつ）を持つ星々は、幸せそうに輝いている。

Florida Star

フロリダ・スター

三角形のパターンは、その形から「ピラミッド」の名前が多く付けられ、このパターンもそのバリエーションです。正三角形の三辺の外周りに平行に分割線を入れたパターンで、6枚つなげると六角形になり、角が6枚集まった中心には、愛らしい星が現れ、「フロリダ・スター」と呼ばれています。配色が楽しめる、シンプルなパターンです。

148×200cm　コットン　2007年

一幅に収まり切れないほどの強い太陽、さらに古代から人々に繁栄と平和をもたらし、そこにあるだけで豊かなイメージを持たせるオリーブのアップリケ。南仏の光を知り、好み、そこに再生するエネルギーを感じたことがあるからこその造形。

共に歩めている幸せ、
エールをあげたり、もらったり…。

Bon Courage Mes Amies (et Moi)

元気を出して!!

子育てや家事、仕事にと、夢中で駆け抜け、ようやくひと息つける年代になったと思うのも束の間、女性は、家族のことや自分自身の体調など、新たに目の前につきつけられる悩みに立ち向かわなくてはなりません。私の大切な友人たちへ「元気を出して」とエールを送る気持ちで、南仏を思わせる飛び切り明るいキルトに仕上げました。

192×222cm　コットン　2010年

Épisode pour mon Quilt 2

ファースト・キルト物語 Ⅱ

ある日、ご主人との会話で、「仕事場で羽織れる半纏（はんてん）みたいなものが欲しい」と聞いた百恵さんは、冬の厳しさの中での撮影で、寒さに耐えている最愛の人の姿に思いを馳せ、すぐにある行動に出た。

半纏を自分で縫うことである。フリースもダウンも今のように出回っていない時代のことである。

綿入れの技を要する半纏や袖なしは、ある程度腕の立つ和裁経験者が仕立てるものであるが、百恵さんは自分で作ろうと思った。しかもパッチワークキルトで。

この時の腕前は、あの「バスケットのベビーキルト」1作を仕上げたばかりの技量だった。しかし、ためらうことなくデザインを考え製図を引いた。〝きっとこんな感じ〟と形とサイズを考えながら。

『材料は藍染の布で、と思いましたが、持ってもいないし、どこで手に入るかもわかりませんでした。いろいろ調べて吉祥寺あたりにあるとわかりましたが、当時は土地勘もなかったのです』

その時、たびたび留守を見守ってくれていたお義父様が「じゃ、行ってみようか」と車を運転してお店に連れて行ってくれたのだそうだ。

『お店には入ったものの、当時は何が使える布かどうかなんてことはわからなく、夢中で選んで買ってきました。今考えると、無駄もあったかもしれないけれど、惜しまず協力してくれる家族がいてくれることがうれしく、集中できました』

師である鷲沢さんは、知り合って日も浅くレッスンも始めていなかったこの頃の百恵さんのことを、克明に記憶している。

「半纏を作りたい、この生地でこのパターンで、と言ってドランカーズ・パスのパターンを持ってきました。パターンの縫い方を一つ二つ教えただけで、トップ（表布）をすべて縫ってきたんですよ、それも大変きれいに」

そもそも、カーブのあるこのパターンは難しく、教室でもある程度縫い慣れたところで教えるパターン。また、アップリケも刺繍も一切教えたわけでなく、本人がすべて自分で考えて生み出したものだそ

お気に入りの千社札を拡大し、刺繍とアップリケをして右袖の前に付けた。

TUTTLE
Yasunari Kawabata
The Old Cap

うだ。よく見てほしい。文字の囲みの枠もすべて刺繍で綴っているのだ。

でも、困難がひとつ待ち受けていた。キルトで半纏（はんてん）を仕立てるなどということは、鷲沢先生とて圏外の技。その時、「キルトおぶはーと」のスタッフのおばあちゃまが和裁をしていることを思い出した。本格的な和裁仕立てでの制作を指導していただき、半纏はでき上がった。

一途な思いが、この世に二つとないものを生み出した。古代から、愛する人を守ろうと纏うものを考えたとき、その手には神が宿り、奇跡が起きて来た。まさに本人にも、想像さえできなかった力が現れたのである。

「いい根気を持っているの。千社札の刺繍を見ても、その段取りも半端ではなく、一流のプロとして仕事を培ってきた集中力を見させてもらったような気がしました」と鷲沢さんは当時を語る。

一刻も早く届けたかったからであろう。一気に集中して、しかも楽しく、ものすごく速くできたというその半纏の制作は、この後の作品にも見ることのできる、百恵さんの「個性の解放」であったことを明らかに物語っている。そして、この一途で真摯な姿勢はその後も一貫して変わっていない。

初めてデザインし、初めて贈ったキルト

1. つくる気持ち一心で考え、独りで起こした製図。緻密で、図も文字もきれいな、生真面目で美しい製図。
2. 太い線も細い線も、すべて刺繍で描いた千社札。
3. 忘れていたもう1枚の千社札が出てきた。後ろにも付けるつもりだったのだとか。型紙のつくり方などから、発想も段取りもしっかり構築できる力量の持ち主であることがうかがえる。
4. 緻密なキルティングラインと、芹沢銈介氏デザインの風呂敷に描かれていた、鳥の図柄を切り抜いたアップリケ。自分のできるところは緻密に、人の力を借りた方が良いところはそのままでと、柔軟な発想に感心する。
5. ところどころの擦り切れや綻びは、いかに持ち主が好んで着回したのかがうかがえる。

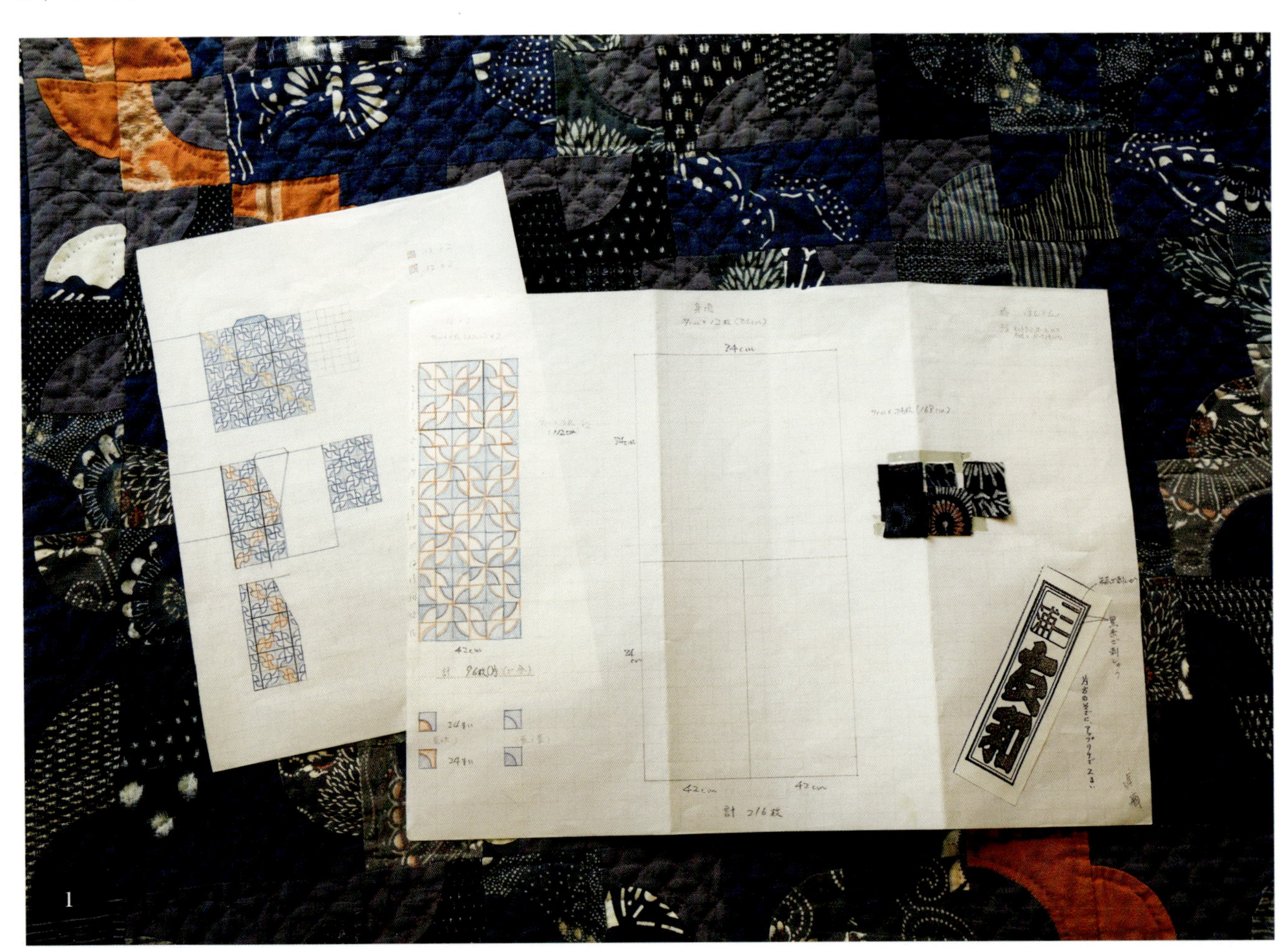
1

三浦
友和
3
2
5
4

ドランカーズ・パスの配列は、前身頃から後ろを斜めに流れるオレンジの配色が粋。鳥が列をなして飛んでいるようにも見える。藍の布の使い方も、びっくりするほど洗練されている。『宝物です』と言うご主人の言葉にふさわしい、どっしりと堂々とした逸品。

第3章
夢中で針を運んだ日

Chapitre 3　Ma grande passion pour les aiguilles

自分の手で何かつくってあげたい、
子どもへのあふれる思いが不可能を可能にした日。
どんな小さなものでも形にし、子どもの喜ぶ顔を見ながら、
毎日毎日、生涯を通じて母になろうとしていた、
掛け替えのない日々がありました。

制作　Nikki Yamaguchi

クマのアップリケのベスト

初めて手づくりした子どもの服。
長男が5歳のときのベストです。
大好きなクマさんのいるベストをつくってあげたいなと、
キルト雑誌からのデザインを参考に。
喜んで何回も着てくれました。
子育てを楽しんでいた時代が蘇ります。

前側には、形の面白いボタンやブローチ。
小さな手が触って遊べる工夫。

一途な気持ちの手が現れる
アップリケの針目。

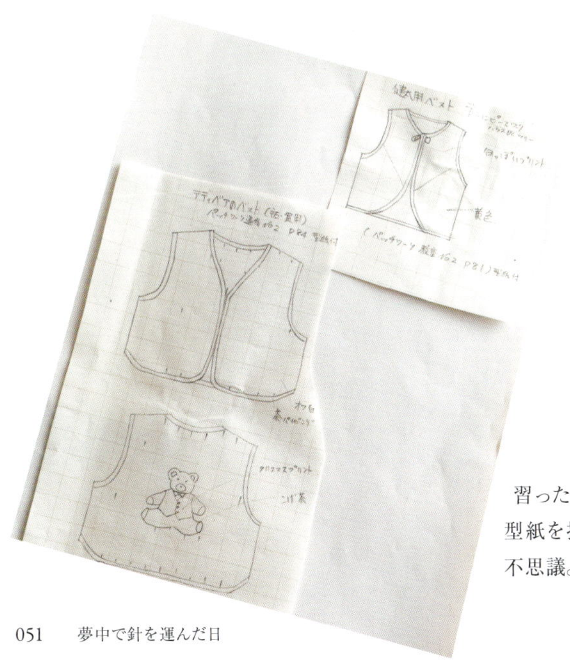

習ったわけでもないのに、型紙を描けていることの不思議。

クマのベスト

子どもがクマを好きと言えば自分もクマを大好きになる子育てのあの頃の不思議さ。突然始めたばかりの針仕事なのに、このベストもすべて手縫いで完成させることができた不思議さ。心に描けば、そんな不思議な力が応援して実現させてくれた、神がかりのような日々に感謝です。

いつでも一緒。何でも同じ。

兄が大好きで、いつも同じことをしたがる次男。
まるで双子のように、同じものを二つつくっていました。
幼くてもそれぞれに個性が芽生えてくる二人の成長に、
自分も育てられている時間でした。

「キルトおぶはーと」の教室に通い始めて2年ほど過ぎた頃、サンタのミニキルトのキットをアレンジして制作。

サンタのいる白い四角はまったく同じ寸法のまま、上下の段数を加減して、大小のサイズを工夫している。

サンタのベスト

兄弟が6歳、5歳になろうとしていた頃のベストです。前後見頃とも、ピース1段ずつに綿を入れながら土台布に縫いつけていく、少し手間のかかるプレスドキルトの方法でつくりました。丈の長さに、当時の幼い二人の身長の相違が感じられ、二人一緒に着ている微笑ましい姿が浮かんできます。手づくりのりんごも喜ばれました。

アップリケは同じ図案でも、お兄ちゃんのバッグは桧垣模様の大人っぽい威厳さを持たせたキルティング、弟は子持ち格子の愛らしいキルティング。それぞれの個性に向き合う母親の工夫がデザインに施されている。

入園・入学の手づくり

長男の入園のときに、いそいそワクワクどきどきしながらバッグと体操着袋をつくりました。次男を連れて園に送って行き、長男が玄関で靴箱に靴をしまうと、まだ入園していない次男も靴箱に靴を入れようとします。それで同じバッグと体操袋をつくり、気持ちだけでも入園させてあげました。

今、これらのキルトを見ると、当時一緒に歩いていた子どもの頭の位置が、自分の体のどの位置にあったかなどの背の高さや、その時の気温や季節の匂いまで鮮明に思い出し、我が家の在りし日を偲ばせる愛しいキルトになりました。

「ボータイ　Bow tie」のパターンは、
小さな紳士たちにぴったりでした。

体操着袋は「ミルキーウェイ」のパターン。銀河系天の川の星たちの輝きのように、親子共々夢いっぱいの頃。

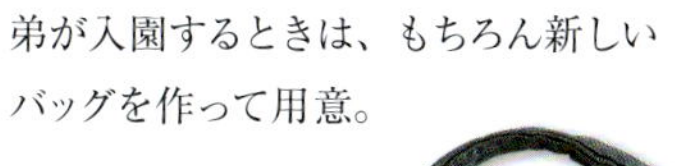

弟が入園するときは、もちろん新しいバッグを作って用意。

刺繍で一文字一文字綴った名前。

はさみ入れは、ヘクサゴンつなぎですっぽり入る形。

何でも二つ。どこか一緒。

パターンは２点とも四角と三角つなぎ。花柄、チェックなどの一見似たような生地が両方に使われているように見えながら、同じ柄の生地はひとつもない。手触りの良い、薄手のキルトに包まれて、兄弟はどんな夢を育んだのだろうか。

ベッドキルト

兄弟二人の成長過程で、そろそろ独りの空間を尊重してあげた方が良い時期になり、それまでの大きな子ども部屋を、いよいよ一人ずつの部屋に改装。それぞれが選んだブラインドの色に合わせて、ベッドキルトを制作。その年頃にふさわしい、ベッドの上にポンと載るサイズは正解でした。

右・弟／117×202cm　コットン
左・兄／120×208cm　コットン
２点共1996年頃

タペストリー　六角星

正三角形を6枚つなぎ合わせる「六角星」は、布の裁ち方でいろいろな表情の星が生まれます。中心から光彩を放つように方向性のある輝き、同心円状の輝き、カレードスコープのように反射模様を織り成す輝きなどさまざまです。黒地の小花模様の中に、幾つものそれぞれの輝きを咲かせました。いろいろな個性があるように。

118×126㎝　コットン　1999年

見る人によって、見る時によって、イメージが広がり、思索を深められる、
限りのない宇宙的なものを贈りたい。

タペストリー　深海

同じ三角つなぎでも、こちらは「オーシャンウェーブ」のパターンで、深海を表現しました。4枚のブロックで1パターンとなるモチーフを、スクラップで配色し、ランダムに配置。限りなく黒に近いネイビーの柄布で周りを囲み、深海に一条の光が射しているような、透き通った光景をイメージしたものです。インストラクター養成クラスの卒業制作キルトです。

175×224㎝　コットン　2000年

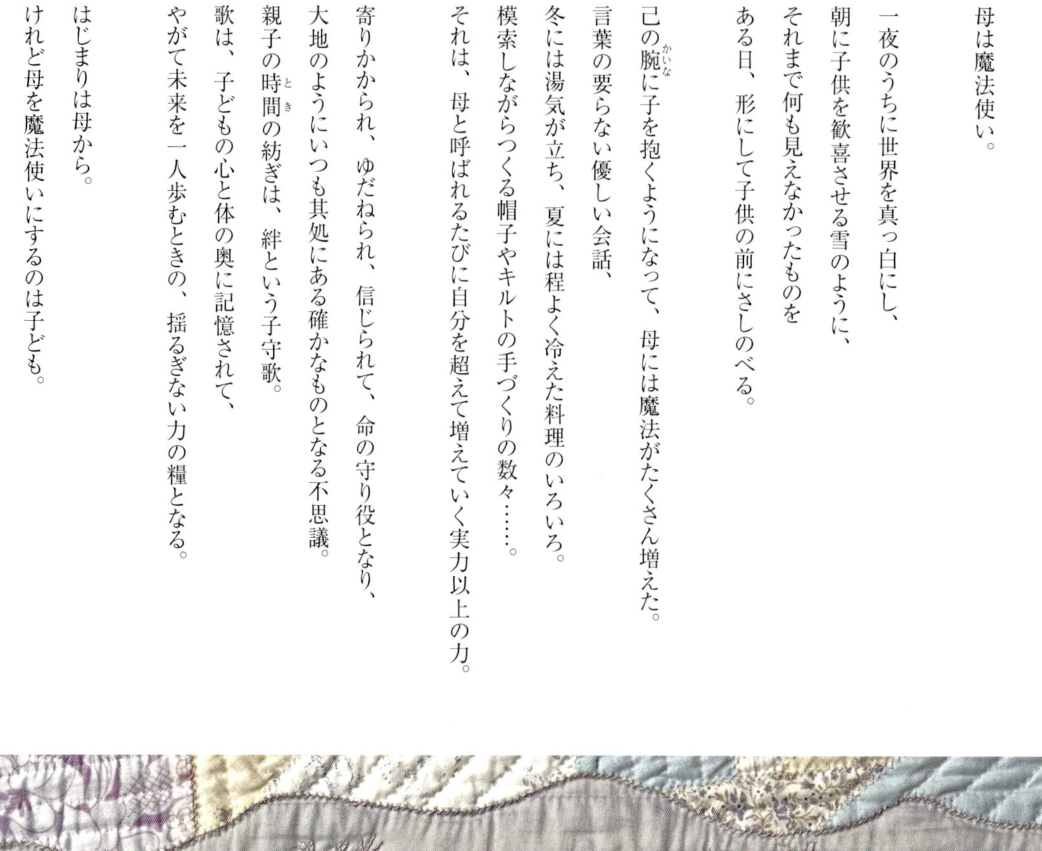

心から形へ Ⅰ

母は魔法使い。

一夜のうちに世界を真っ白にし、
朝に子供を歓喜させる雪のように、
それまで何も見えなかったものを
ある日、形にして子供の前にさしのべる。

己の腕（かいな）に子を抱くようになって、母には魔法がたくさん増えた。
言葉の要らない優しい会話、
冬には湯気が立ち、夏には程よく冷えた料理のいろいろ。
模索しながらつくる帽子やキルトの手づくりの数々……。
それは、母と呼ばれるたびに自分を超えて増えていく実力以上の力。

寄りかかられ、ゆだねられ、信じられて、命の守り役となり、
大地のようにいつも其処にある確かなものとなる不思議。
親子の時間（とき）の紡ぎは、絆という子守歌。
歌は、子どもの心と体の奥に記憶されて、
やがて未来を一人歩むときの、揺るぎない力の糧となる。

はじまりは母から。
けれど母を魔法使いにするのは子ども。

Desire of Mother Earth

大地の子守歌

目が覚めたら外は一面の銀世界！スキー、雪投げ、そり遊び…。澄み切った空気の中に、子どもたちの歓声が響き渡り、トナカイや犬、木立さえも、うれしそうなクリスマスの朝。
そんな幸せな光景を、影絵から発想したデザインで構成。ハンカチーフを使ってクレイジーにミシンで接ぎ、アップリケ。縁取りを細やかなヘリングボーン・ステッチで刺し、輪郭を強調しました。

165×192cm　コットン　ハンカチーフ　1992年

Épisode pour mon Quilt 3

鷲沢先生の一番若い弟子

鷲沢先生の次男と同じ年頃だということもあって、
パッチワーク教室にはいつも二人の子どもを連れて通っていたという百恵さん。
三つ子のように3人はいつも仲よく遊んでいた、そんなある時、

『お母さん、お母さんがやっているこのことは、男の子がやっちゃいけないことなの？』
『そんなことないわよ。男の方でもやっている人もいるのよ』
『じゃ、男の子もやっていいの？』
『そう、いいのよ』
『やりたいの？』
『うん、やりたい…』

弟の方がパッチワークに興味を示した。

『あら、それはそれは、ようこそ』
と迎え入れられ、鷲沢先生の一番若い弟子が生まれた。

そして始まったのは、ヘクサゴンつなぎ、たかひろさん5歳のとき。

完成は7歳。よく続きました！
記念に、本人が書いたサインを刺繍してあげて1枚のキルトにまとめたのは母。
かくして、「どんな天才よりも素晴らしい我が家の名画」のでき上がり。

ペーパーライナー方式で縫った巻きかがりの針目が、何とも愛らしい。66.5×78.5cm

季節を楽しみながら絵画のように家に飾っても素敵。
それがキルトだと思いました。

あやめ　68×105㎝　コットン　2003年

第4章
巣立ちのキルト

Chapitre 4 Quilt pour débuter dans la vie

子育ての大きな節目のひとつは、子どもが成人を迎えるとき。
そしてやがて独立して家を離れていくとき…。
そんな巣立ちをしていく我が子に、
キルトをつくり、贈ることで向き合いました。
長男、次男、甥…、
それぞれの未来を祈る心は、針仕事を通して形になりました。
純粋な、心洗われるような制作の時間（とき）が有ったことを、
尊く思います。

心から形へ Ⅱ

春は光、希望の季節。
そして育てた者と育てられた者との魂が交錯する巣立ちの季節。

幾人の女性が願いを込めて縫い綴ってきたというひとつ星に、
作者なる母もまた、変わらない祈りを縫い込めた。

大きく燦然と輝く孤高の星は、
独り歩み始める子どもの未来に贈る母のオマージュ。
色とりどりの布の星には、豊かな出会いを。
星の周囲をきりりとはり巡る直線には、無数の輝く道と可能性を。
新成人として社会に立つわが子に、
せめて世に二つとないものを授けようと思う、
真摯な母の刻印が凛と宿る。

子どもの訪ねる光は、
すでに子自身の中に宿っていることを母は知っている。
けれど、人生の朝を祝福する思いを、
母は形にせずにはいられなかった。
母ゆえに、母のみが成し得る、
慈愛に満ちた針仕事の結実。

ボーダーに星の先を食い込ませ、星の周囲は氷割文様を大胆にデザインして、ボーダーまで連続。しかもボーダーは、グリーンの布でリバースアップリケ。この世に二つとないオリジナル感に満ち満ちた仕上がり。

パターンは「ベツレヘムの星」と決めていたというその星の配色は、優しみを帯びたブルーのサーティーズの布に、赤と黄色の印象的な配色。サッカー好きの「ブラジルの国旗みたいな黄色」とのリクエストに応えたのだそう。

à Future

未来へ…

未来へ…。さまざまな願いや祈りを込めてキルトをつくっていた時代の女性たちのように、私もこのキルトに向かい合いました。布たちを縫い合わせ、溢れるほどの色や柄が出会い、広がり、託した思いと共に形を成してくるにつれ、つまらない欲や邪心が少しずつ消えて行き、込められたシンプルな願いと祈りだけを静かに包み込んだキルトが完成します。そして自分自身の心には、いつも〝感謝〟の気持ちが残ります。

200×219㎝　コットン(サーティーズなど)　2004年

心から形へ Ⅲ

もっとも深いところにある海の色、青。
最も高いところにある天空の色、青。
どちらも近づけば透明で色のない、光と空間のスキャット。

青は思慮深く語りかける色。
海の中に母がある、と語った詩歌※のごとく、
海は生命の誕生の源。
穏やかな海の底の揺籃は、いつか波間に出る舟に変わる。
その時、青は天空に向かって輝き、
未来を語る希望の色になる。

時には荒ぶる波に漂う彷徨を案じながらも、
大きな宇宙に包摂されて、
やがては己の手で人生を見つけ、
漕ぎ出してほしいと願う祈りが、
ドルフィンのエールの調べにのせて、馥郁と立ち昇る。

一心が無から形を生み出し、色彩の和音を奏で始める。
母なる手による、母なる形、母なる色。

針仕事は、時として、
無心のうちに真理を衝いた昇華の領域が存在することを示す。
その扉は、いつも、誰にでも、優しく開かれている。

※三好達治の『郷愁』より

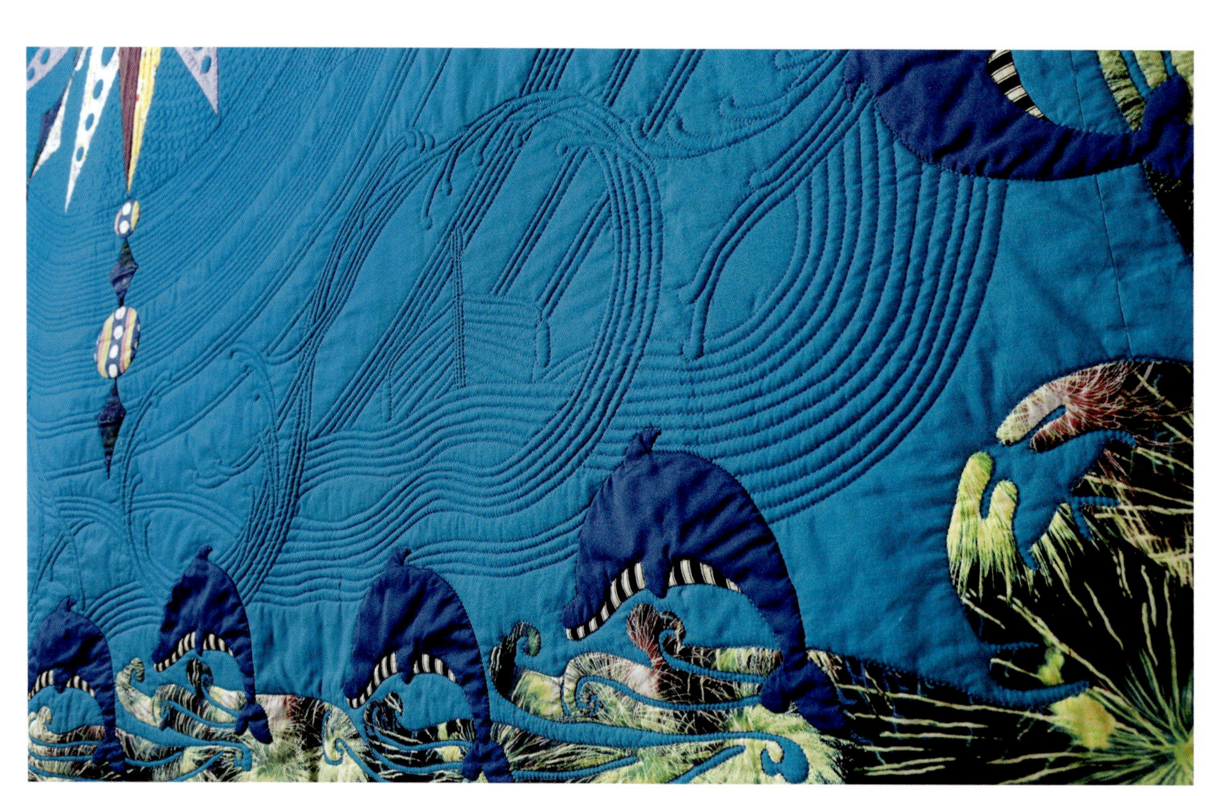

空と海がひとつになった紺碧の青。群れを成して勢いよく跳ね泳ぐ愛らしい姿のイルカの深い青、花火柄の波。象徴的に画面を占めるマリナーズコンパス。躍動的でリズミカルなキルティングライン。つくる人の祈りの深さを表す針仕事。

en Future deuxième partie

未来へ…

未来へ……。
深く広大な海に重ねるイメージは数多くあります。
希望を持って未来へ漕ぎ出す舟を、星が輝き、波間に出会うイルカたちの姿が心を癒し、
時に励ましながら見守ってくれている—。
このキルトには、そんな想いを込めました。—感謝と共に—

168×211cm　コットン　2006年

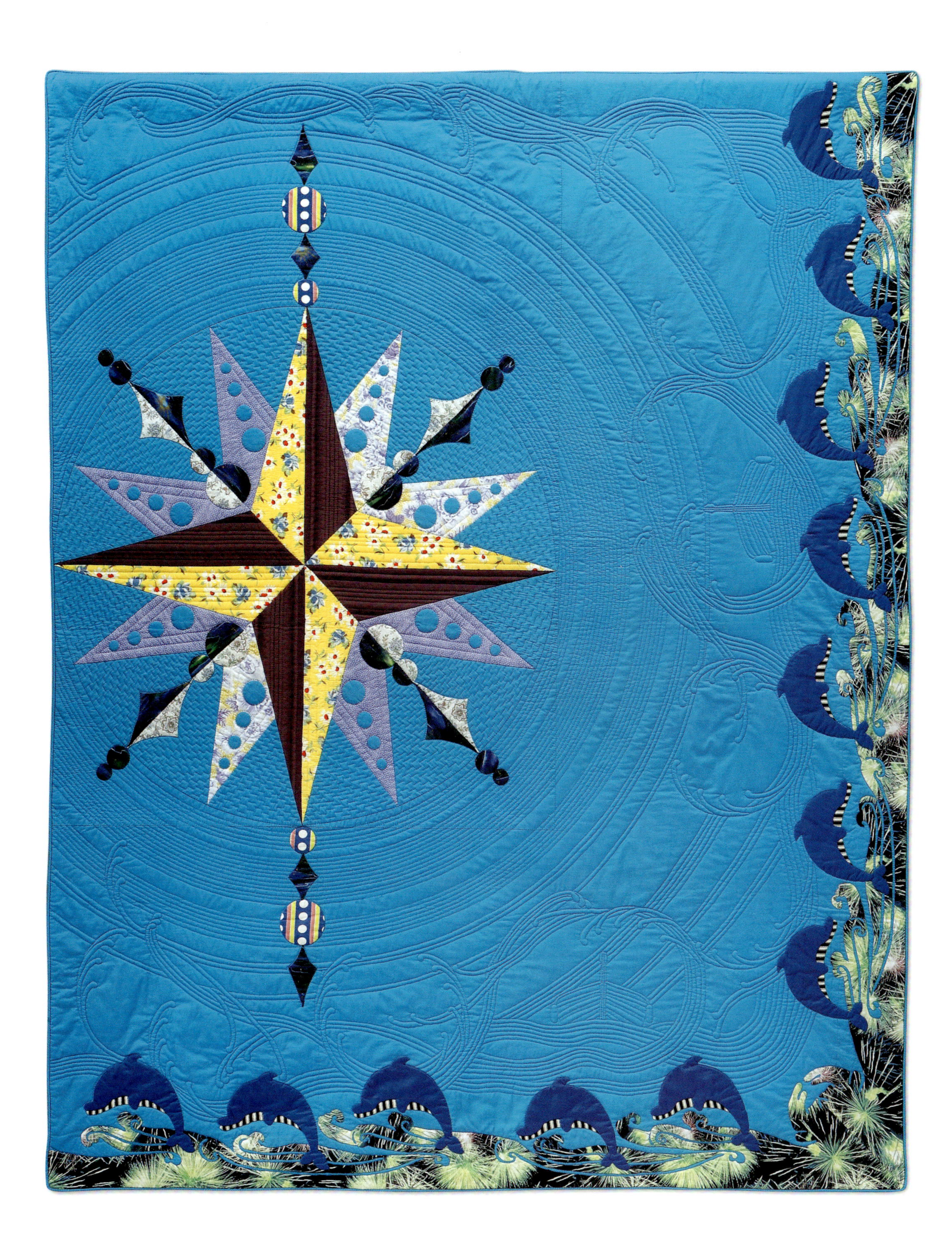

心から形へ Ⅳ

作品は詞。

内なる思いと外部の現実が出合ったとき、
空気が動き、
カンバスにひとつの点が打たれ、
創作が始まる。
点は線になり面になって形となり、
選ばれた布は、
手のみならず身体全体が集中してはぎ合わされ、
やがて鮮やかなひとつのキルトに結実する。

作品から響き渡るものは、余白、未知、無限。
それはやがて瑞々しく満ちていくであろう限りない可能性の予感。
大空に羽ばたく若者の
未来のオマージュにつながる。
生まれ出づる時より愛してきた者が、
いつも幸せであるように…。

未来永劫変わらない、変わってほしくない針仕事の母心。

美しい蝶のようにも、大空を羽ばたく鳥の羽のようにも、あるいはブレイクする太陽の光のようにも見えるひし形のワンパッチつなぎを、抜けるような青い空色の布の中に縫い込んだ、南仏の香り漂う作品。

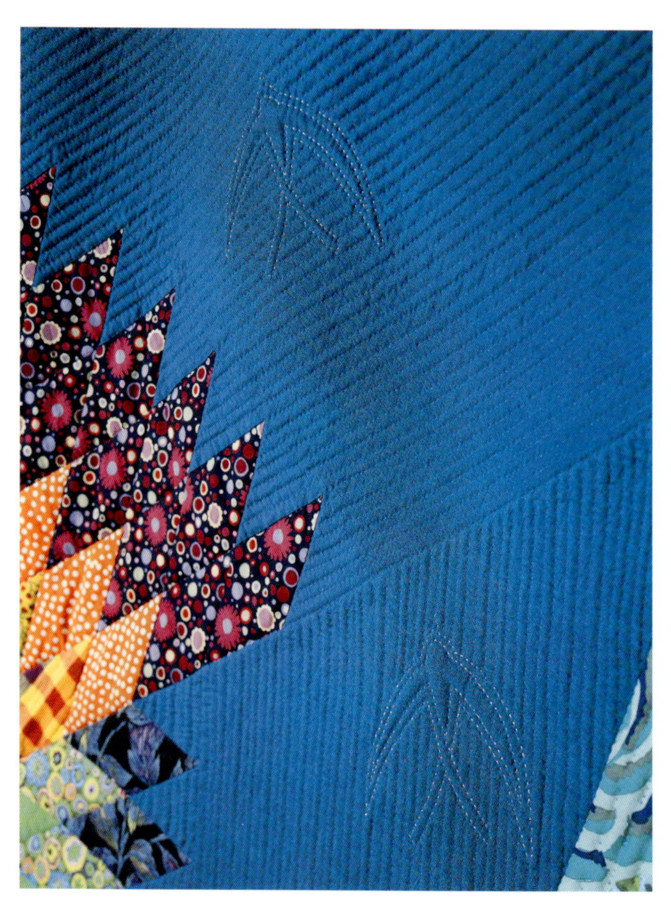

生まれたときにファーストキルトを上げた甥御さんが、家族と共にフランスに住んでいた頃、無邪気にカメラを空に向けてツバメを撮っていたときの愛らしい姿を思い浮かべてキルティングデザインに。

en Future troisième partie

未来へ…

未来へ…。
縫い上げるキルトの向こうには、いつでも愛する人の笑顔があり、その人が幸せであるようにと祈りを込めて針を進めます。
長男・次男・甥 — 順番に20歳を迎えて巣立っていく3人に『未来へ…』の3連作を贈りました。
Merci,Merci,Merci!
189×221cm　コットン　2008年

※『ボストン夫人のパッチワーク』（平凡社）を参考にしてデザイン・制作。

『あのキルトを僕にください』と、
いよいよ家から自立することになった長男の意外な所望。
キルトも、キルトをしている時間も、
そしてつくったものの中にも、欲しいと思ってくれる
「気に入った」キルトがあったこと…。
うれしさが心に広がった、我が子の言葉。

フィードサックを使ったスクラップキルトは、年代のカオス、色のカオスにあふれ、まるでジャム・セッションのような混沌と秩序。こんなランダムさが親子のフィーリングの一致につながったのだろうか。『子ども時代、赤もピンクも、鮮やかな色も暗い色も、あらゆる色を着せていたので、色に対する偏った好みや固定概念はなく、むしろたくさんの色があった方が好きなのだと思う』と、母なる人は分析。

Joe's Quilt
ジョーのキルト

本来は、『若草物語』の中の、次女のジョー（ジョセフィンの愛称）をイメージして制作したものでした。ジョーは小麦色の肌にのっぽでやせっぽち。鋭い目はなんでも見抜いてしまいそう。大好きな本を片手に小説家になることを夢みています。ジョーは若草物語の著者ルイザ・メイ・オルコットが自身を投影した登場人物といわれています。情熱的なジョーをイメージして赤に黒を効かせた配色にしました。

158×190㎝　コットン（フィードサックなど）　2005年

大学生になって、
勉学のための余儀ない一人暮らしを迫られた次男から、
『何かキルトが欲しい』
『ベッドの上に置く』
『落ち着く色合い』
との希望が突然舞い込みました。
初めて別々に暮らす戸惑いを落ち着かせるかのように、
すぐにつくり始めた作品。
何年経っても、ぼろぼろになっても、
持っていてくれたら本望…。

Le vent vert

ギルバートの風

シャープなひし形のピースを複雑に組み合わせたタペストリー。先生がご子息のためにつくられたキルトがこのパターンで、見せていただいたときに、シンプルだけど動きがあり、魅力的に思っていました。深いグリーンには『赤毛のアン』の中の思慮深いギルバートのイメージも重ねました。

133×228cm　コットン　2009年

鷲沢先生からいただいた型紙をそのまま使ってすぐ制作に入ったものの、簡単そうに見えたパターンは、ひし形が入り組んでいる複雑な縫い方で、やりがいがあって面白かったそう。急なことだったので、手元にある布でスクラップ的に配色したのだそうだが、こっくりと趣深い布合わせは、見ていて飽きない魅力にあふれている。

Épisode pour mon Quilt 4

ず〜っと一緒、小さなお針箱

缶の中のすべての道具。見慣れない剃刀の両刃は、縫った糸をほどくときに使うのだそう。右は、小学５年生の家庭科の運針の授業からずっと愛用しているかけはり器とくけ台。ちなみに、このミスタードーナツの二段式のアルミ缶は、1992年1月15日から27日間だけ、おまけに配ったものらしい。

こんなに多くのキルトを生み出してきた人のお針箱は、どんなお針箱だろう？
　針仕事の好きな人なら少なからず関心を持つこの疑問に応えたお針箱は、オマケにいただいたというミスタードーナツのお弁当箱のような二段式のアルミ缶箱。

『かわいい缶の入れ物だなあと思い、何となく針道具を入れ始めて、気付いたらもう30年近くも愛用してきたことになるかしら。前はもっと色鮮やかだったのに、特に蓋は、すっかり色褪せて白っぽくなってしまいました』
　缶の中には、小学生の時からの絎け道具や、苺の形の針磨きなどのお守りのような道具と共に、大切な仲間からいただいた、色鮮やかなピンクッションが入っている。鋏には、大好きなエッフェル塔のチャーム。イタリアのマーブル模様の紙箱は、キルトにたくさん使う待ち針がザクっと。そう、必要なものは、すっかりこの二段に収まって、今では教室に通うときのなくてはならない携帯用に。

百恵さんは、ものに関して多くを求めない。布も決して余計な分量や種類を買い求めない。極力、必要な分だけ、使いこなせそうだと思う分量だけを求める。
『始めたときはそんな真似はできなかったから無駄もしました。そんな布は今でもたくさんあります。好きで買っても、いざ使おうと思うとなかなか作品づくりに取り入れられなかったり…。年代とともに気持ちも変わり、好みも変わり、折り合いの難しさに気付かされました』
　ちょうどそんな時、『仕上げれば作品だけど、そのまま置いておいたらただのゴミ。仕上げることに、使うことに意味がある』という師の話をきっかけに、教えているわけでもない自分は、ふさわしい量を持つことだと悟り、姿勢を正したという。

『そうそう行けない海外の旅先で求めた布など、1メートルくらいしか買ってこないので、もう少しあれば、と思う事態も起きるのですが、逆に無いからこそ潔く別な発想を生み出すこともできるんですね。
　布でも糸でも、自分が選んで買ったものは、それも〝縁〟だと思っています。それで自分のそばにあるわけなのですから、どこかで使ってあげなきゃなあと思う。たまに、忘れたくらいの遠い昔に買っていた布を使えたときは、何とも言えないしみじみとしたうれしさで心が満たされます』
　一番の幸せは何かを知っている人の、慎ましいお話。

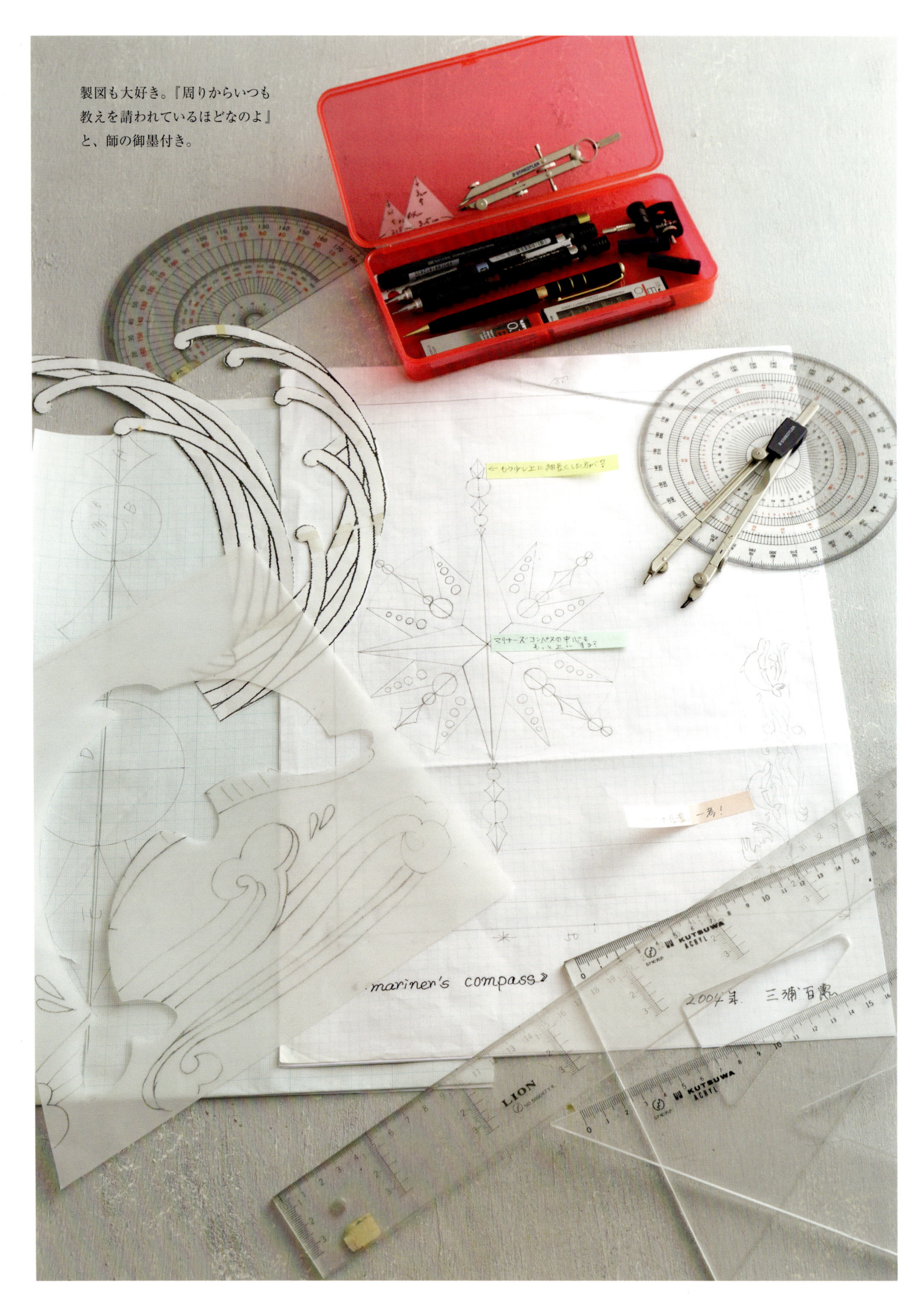

製図も大好き。『周りからいつも
教えを請われているほどなのよ』
と、師の御墨付き。

第5章 ホワイトキルトに憧れて

Chapitre 5　Quilt blanc de mes rêves

「白」は勇気の要る色、緊張する色。
師の得意とするトラプントの世界に憧れ、
いつかはつくりたいと憧れていたホワイトキルト。
その希望を言葉にのせたとき、その機会は訪れました。
白から生み出す彩り(ゼロ)の可能性と美しさを知り、
また挑戦してみたい、白の世界です。

光の当たり方でレリーフのような陰影を醸し出し、
優美で深みのある白いキルトは、レースにも似て格別。

始めは中央の図柄だけの、ベビーキルトサイズを目指していたと言うが、でき上がると先生に褒められ、『ここから大きくすることもできるのよ』という言葉で一回りずつデザインを広げ、ついにこんなに大きな美しいホワイトキルトが完成することに！
クッション協力／島田恵子　尹 惠鄕　吉川晶子
198×213cm　綿サテン　1993～1995年

un bouquet d'hiver

冬のブーケ

キルトを続けていく中で、一度はオールホワイトキルトをつくりたいと鷲沢先生にお話をしたとき、『キルトにはタイミングもとても大切。いつかと思っているといつまで経ってもつくれないし、今がそのタイミングかもね』と後押ししていただき、取りかかりました。途中、友人との辛い別れがありました。私は彼女から、パッチワークの素晴らしさを教わり、"今度は何をつくるの、進んでる？"と、お互いの作品をとても楽しみにしていました。この作品の完成を、彼女に見てもらえなかったのが残念です。

Initial and Pearl

リングピロー

永遠の愛を誓う結婚の証の指輪の交換式は、やはり厳かで意味深いもの。そんなリングピローは、ホワイトキルトの手づくりが似合うと思っていましたので、依頼された雑誌の要望に応えて制作しました。メインデザインは嫁ぎ先の「イニシャル」をトラプントで際立たせ、縁飾りは「健康、長寿、清潔、素直」の意味を持つ「真珠」の図案をスカラップに。いつまでも末永く仲良く幸せに、の気持ちを込めて。

24×18.5㎝　綿サテン　2014年

Wild Chrysanthemum

ベビーシューズ

生まれる前から準備して、赤ちゃんを待っていたいベビーシューズ。愛らしい形に可憐な野菊の花をキルティングして、未来の夢を育みます。鷲沢先生の著者本に、掲載参加させていただきました。

長さ11cm　はき丈7.5cm　コットン　2003年

暮らしの中に溶け込んで、
そこにあるのが当然のように存在しているキルトたち。
そんなことも小さな幸せ。

Lamp shade

ランプシェード

我が家のランプシェードをリフレッシュしたいと思っていた頃、教室でランプシェードをつくっているのを見て素敵だなあと思い、早速教えていただいて制作。でき上がる頃、いつの間にか主人が焼いていてくれた陶器の台ができ、二人の合作になりました。明かりを灯すと、トラプントの図案が影絵のように浮かび出て、優しい光が周りを包み込みます。

37（下部直径）×32㎝、フリンジ丈3㎝　コットン　2006年

Lamp shade

ランプシェード

布を通して灯る明かりは、穏やかで落ち着きます。もうひとつのシェードは、曲線の支柱のある形にし、ジャコビアン風なフラワーベースの連なりをデザイン。暮らしの中に手づくりを生かせることに癒されています。

38（下部直径）×34cm、フリンジ丈3cm　コットン　2006年

Épisode pour mon Quilt 5

もうひとつの針仕事、ビーズ織り

デザインをし、試し織りをし、
真摯に取り組むことで形が見えてくる。

ビーズ織りは、織機に張った経(たて)糸に、デザインに沿ったビーズを一粒ずつ緯(よこ)糸に通しながら織り上げていく手工芸。一般の織物のように「滑り車」で緯糸を通して織り上げていくのではなく、経糸を挟んで、ビーズ織り用の長いビーズ針でビーズ穴を通し、上下に糸を渡らせて織り上げていく、とても緻密な針仕事で時間のかかるもの。ビクトリア時代に流行した手芸のひとつで、布のように仕上がるやわらかさと特有のしなやかさ、それに何といってもガラスビーズの煌きが魅力。

レジェンド・オブ・メキシコ

映画館で観たときに、とても印象に残ったワンカットをバッグの図柄にしたいと思い、後に発売されたDVDの画面を何度も見ながら、図案に起こしました。優しい色合いの夕影は、ビーズの色と糸の色でニュアンスが変化し、早朝の光のようにも見えてくる不思議さに驚きました。

マスク・オブ・ゾロ

鮮やかな夕日の中に浮かび上がるゾロのシルエット。一幅の絵のような映画の印象的なシーンにインスパイアされ、『レジェンド・オブ・メキシコ』の作品と同じようにしてデザインに起こしました。強烈な夕日の赤には、グリーンや濃紺など多くの色が混じり合っていて、小さな数粒を丁寧に織り込むことで、奥行きや迫力を表現できることを知りました。

エッフェル塔

パリも好き、エッフェル塔も大好きです。特にエッフェル塔は、少し路地を入ったところから見える佇まいが何とも好きで、パリに行ったときは確かめるようにして必ずその場所を訪れます。カメラに収めたその風景を、バッグの中に浮かび上がらせてみました。ビーズバッグの一作目で、図案に起こした絵柄が一段ごとに見えてくるのは、とても楽しい作業でした。

ビーズ織りの
しなやかさに惹かれて

『陶芸やガラス、家具づくり、彫金、カルトナージュ…、人の手って素晴らしいと思う。特に、ひたすらより良いものをつくろうと技を追求する職人仕事には、憧れます』

そう語る百恵さんは、ご主人と二人で旅に出たときは、その土地の工房を訪れることをリクエストに必ず入れるという。紙工房とか、カメオの工房とか…。お互い生み出すことの難しさと楽しさに常に向かい合い、いつも自分の手で何を生み出せるだろうかと思っている二人だからであろう。

そんな百恵さんは、ある時、デパートで、ビーズを使っている作品展に出会った。とても素敵な手づくりに思え、触らせてもらった。しんなりした手触り、ひんやりした心地よさ、程よい重量感、小さなガラスビーズの煌きに、今までにない感動を覚えた。

『余程うっとりしていて見ていたのでしょうね。「お好きですか?」と声がかかりました。主宰者の佐古孝子先生でした。そして、このビーズを使った手づくりが〝ビーズ織り〟というものであること、織られているからしなやかなのだとわかったのです』

ハートの曲線も優美に浮き出る緻密なギターストラップとエンブレム。

そして、「ご自分でつくれるものなのですよ。どなたでもつくれますよ」と。そんな魔法の言葉についうれしくなって、キルトの合間の気分転換のようになったら、と習い始めたそうだ。

小作品づくりを通して基礎を学び、2年くらい経ってから、つくりたいと思っていたバッグに取りかかった。図案を起こすところから仕立てまで教えていただいた。

『きらきら輝く、こんなに小さな粒の色とりどりのガラスビーズ、美しい…。これもつくっている誰かがいるからここにある…』

そう思いながら色とりどりのガラスビーズを使って織るのは、図案が少しずつでき上がってきて楽しかったと語る。だが、バッグに仕立てるのは、糸を引く手加減などが難しく、なかなか習得できなかったそうだ。

『考えてみれば、今まで感動したものづくりのエキスパートたちでさえ、なおも究め窮めている日々。片手間に、そう簡単にマスターできるものではありませんよね。針休めの針仕事みたいに始めたのですが、真剣になるほど、キルトとの二足の草鞋を履く難しさに行き当たりました』

そして今、ビーズ織りはちょっと手を休めている。が、さまざまなことを学べて感謝していると言う。家族が喜んでくれたものをつくれたこともうれしいし、自分自身が持ちたいと思うものを手づくりできたことで、新たな手づくりの楽しさを発見できた。少し時間ができたら、小さな作品をまた作ってみたいと思っている。

作品が織り上がるまでは、何度も何度もデザインを方眼用紙に描き、彩色し、ビーズの色を選び、色番号を記し、さらにそれを織り機に掛けて織る設計図に書き換えていく、緻密で長い工程がある。

ご長男が愛用しているギターストラップ。

第6章

教わる喜び、仲間たちとレッスンの日々

Chapitre 6　La joie d'apprendre, la vie de prendre des leçons avec les camarades

独学で始めたキルトも、鷲沢先生との出逢いがあり、
個人レッスンから正式なカリキュラムを歩むレッスンへ。
先生はキルトを超えてかけがえのない人生の師に。
クラスメートとは、教え合い、学び合い、
教室は優しさとアイディアの宝庫。
良いご縁をいただいていることに感謝です。

課題に向かい、自分らしいキルトを
つくろうと励んだ日々、
何もかもが新鮮な時間（とき）に恵まれた日々。

Sampler Quilt

サンプラー・キルトⅠ・Ⅱ

基礎的なテクニックを学ぶために、課題でさまざまなパターンを1ブロックずつつくりました。製図から始まり、型紙のつくり方、直線的なパターンやカーブのあるパターンの縫い方、それぞれ異なる縫い代の倒し方…。しかしどこかに規則性も見え隠れして面白く、夢中で学びました。縫いためた21枚で仕上げた初めてのサンプラー・キルトⅠが右ページ。左はその2年後に自分で製図を起こして制作したサンプラー・キルトⅡ。配色やデザインも少しイメージしながら制作できました。

Ⅰ（96ページ）／117×164cm　コットン　1991年

Ⅱ（97ページ）／124×124cm　コットン　1993年

キルトは、アルバム以上にその時の情景や空気感、
その時の会話、部屋の温度までも閉じ込めている…。

Double Wedding Ring Quilt

ダブルウエディングリング・キルト

パターンの大きさは自由という課題の中で制作。このパターンは微妙な違いの小さな型紙が7種類もできる製図なのに、布をスクラップで配色したため法則がなくなり、かなり面倒なことを周到にしなければならなかった作品づくりでした。しかし、この制作を通して、スクラップキルトの醍醐味が分かり、とても好きになり、大きなご褒美をいただいたような気がします。大好きなピーターラビットの刺繍も、とても楽しい時間でした。

102×102㎝　コットン　1990年

Friendship Quilt

フレンドシップ・キルト Ⅰ

初めてのフレンドシップ・キルトは、12枚のパターンが主役になりました。1800年代半ばに最も盛んだったという、このフレンドシップ・キルトという友情の証のキルトの意味を、時間を経るほどに深く識り、それぞれの刺繍のサインを見るたびに、胸が熱くなります。

66.5×88㎝　コットン　1999年

「製図をしているときは、本当に楽しい！
でも、ピーシングも、キルティングも、それぞれに良い時間…。」

Friendship Quilt

フレンドシップ・キルトⅡ

フレンドシップ・キルトの2作目です。１枚目と同じように、クラスメートで交換し合ったパターンをハートの真ん中に入れて仕上げました。クリスマスに飾るたび、その時の会話などが思い出され、キルトはいろいろな時間を閉じ込めていることに気付かされ、あたたかな気持ちになります。

112×130㎝　コットン　1996年

Feathered Star Quilt

フェザースター・キルト

我が家に飾るクリスマスのタペストリーをつくりたいと思っていたとき、1988年の『キルトジャパン』に掲載されていた心惹かれる星のパターンを見つけました。「フェザースター」という名前にも惹かれ、自分なりにアレンジし、トラプントも加えて我が家の星が完成。ところが、当時洗って消えていたチャコペンの色が浮かび出ているのに気付き、びっくり。キルターには、何事も経験の一語に尽きると感じた作品にもなりました。テディ・ベアは、兄弟二人にとつくってあげたもの。

77×77㎝　コットン　1991年

ウールのバッグ

カリキュラムの合間の小物づくりは、造形的なモノづくり、機能性を考えたモノづくりが学べ、興味が湧く時間。六角形と五角形で、半球体のようなバッグをクラスメートによる指導で制作しました。

36×42.5cm　ウール　2014年

左ページ上

お稽古バッグ

手のことが大好きで、私のキルトづくりをいつも応援してくれる義母は、洋裁も編み物も家事も、何でも上手にでき、ちぎり絵も習っていました。その教室に通うときに使う、画材も入れられるような大きなバッグをつくってみました。今考えると、もう少し持ち手を長くしたら、肩にかけられて楽だったのではないかしら、と反省です。

53×45×6（まち幅）cm　コットン　2003年

左ページ下

ベスト、巾着

和布を中心にクレイジーキルトの手法でつくった愛用のベストです。巾着は、洋服のベロア地でつくりました。「キルトおぶはーと」の講師の先生方が行う講習会に参加してつくる小物づくりも楽しい時間です。

和布、ベロアなど　共に1994年

家の中に布ものの手づくりが
ひとつあるだけで、
心が和らぎ、
円くなるような気がする…。

三つ編みマット

開拓時代、「暖」を取るために古着や余り布を大切にしてつくったという三つ編みマットに惹かれ、制作してみました。子どもたちが伸び伸びと遊べるように、とても大きくしました。「暖」はもちろん、「団欒」や「談笑」の「だん」も大いに生み出してくれ、今も我が家のムードメーカーです。

220×163㎝　コットン　1990年

※ベッドキルトは『冬のブーケ』(81ページ参照)。

Eight-Pointed Star Quilt

エイトポインテッドスター・キルト

親友のお孫さんにとつくり始めたキルトですが、展示会の大作キルトに時間がかかり、なかなか仕上げられず、1年以上お待たせしてしまいました。大好きなフィードサックの布をボーダーと裏布に使い、優しい男の子のキルトになりました。

82×82cm　コットン（フィードサックなど）　2019年

小さくも大きくも自由になるところがパターンの良さ。
デザイン、パターン、布、配色…。
幾つものチョイスを通り抜けて、一枚のキルトに成ってゆく。

Log Cabin Quilt

ログキャビン・キルト

カリキュラムの課題で縫っていた「ログキャビン」。4枚できたらうれしくて、思い切って大きくしてしまいました。ブロックの枚数が多く、縫いためている間は仕舞い場所に困り、大判の風呂敷に包んだりしていました。堂々とした「棟上げ」のログキャビンは、憧れていたキルト。思っていたよりも早く実現でき、我が家に飾ることができ、不思議な力をもらったような気がしました。

203×228cm　コットン　1989年

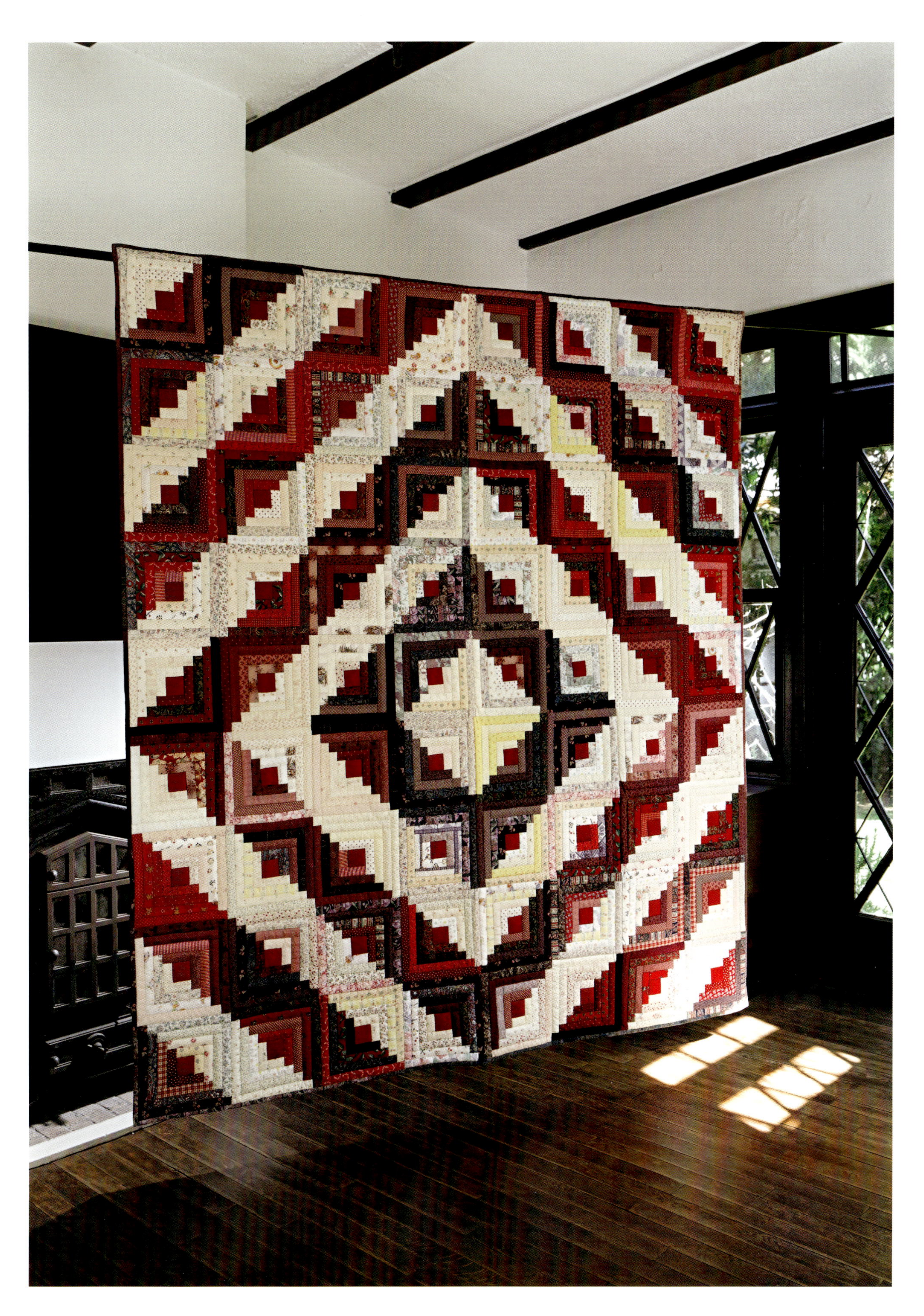

Snowball

雪玉

鷲沢先生が本の仕事で縫われた「スノーボール」のキルト。そのピーシングの残り布をいただいて、そのパターンのかわいらしさに目的もなく、ただ楽しんで、手持ちのフィードサックをボーダーにしてまとめました。こんな何気ないたわいない時間こそがキルトの真髄で、きっと誰にも必要な時間です。

83×83cm　コットン（フィードサックなど）　2019年

3・11の大震災のとき、終わりの見えない不安な心を抑えてくれたのは、針仕事でした。
自分の無力を痛感しながら、
どうか一刻も早い復興をと祈っていました。
夢でもいい、人は何か先に続く小さな灯りが必要だと思いながら…。

Caressant un Rêve

夢を灯(とも)す

この艶やかな布たちは、バデューカの旅のお土産に鷲沢先生からいただいていたものでした。やわらかな光沢に魅せられて選んだベロアを組み合わせました。旅先で、私にと想ってくださった"心"に、ようやく生命を吹き込むことができました。

116×166cm　コットン、ベロア　2011～2012年

キルトづくりの舞台裏 I

Dans les coulisses de la création

デザインの発想

『決して泉のように湧き上がっては来ることはなく、ものすごく考えます。プロではないので、素人ゆえのあがきをしていると思います』とデザインについての第一声。それこそ目に映る風景はもちろん、映画やテレビ画面の中にさえ、心動かされる何かがないだろうか見ていると自己分析する。

『無意識で探しているうちに、そうだ、こんな事やこんな感情をキルトに表現したいと思っていたんだという腑に落ちるものが、イメージという袋の中に一つ二つと入っていきます。そうしてイメージが膨らんだら、そこからこんなデザインはどうか、パターンはどうか、こんな色合いの全体像でどうか、だったら材料はどうする？そんな自問自答をしながら進んでいきますね』

混沌とした雑多な中から、琴線に触れた糸々を探り寄せ、最後までそれらの糸を張りめぐらせていくことで、心からつくりたいと思うデザインの作品に至る。

色

『昔から好きな色は、赤、紫、青。黄色は特別に大好きな色。プリントの美しい緑にも惹かれるし、ロイヤルブルーも好き』と色について語る口元は楽しそう。

キルトをするようになってから、一つひとつの人格ならぬ色格みたいなことが理解できてきて、多色をより使えるようになったのがうれしいとも言う。でも、自らの着るものについては、限りなくモノトーンになっていってるらしい。

『キルトで鮮やかな色づかいをするようになった分、身に着けるものは色の無い世界に安心を得て納得している部分があります。バランスと調和に、自然の摂理が働いているのかもしれません』と。好きな色も進行形で変化し続けている。

布

『布って癒しだと思います。触っているだけで、何か心が落ち着くし、布ものが膝の上にポンとあるだけで、すごく気分がいい。布も、誰かが一生懸命つくっているものですよね。糸をつくるところから始まり、紡ぎ、染め、さらに柄をつけて…』

そう思うと、30代、40代の頃は、1センチ角のピースが取れそうな布切れは、とても捨てられず大切にとっておいた。視力に自信がなくなったこの頃は、そこまではしなくなったと言うが。

布は見るのも買うのも楽しい。でも、極力必要な分量だけ買い求める。海外旅行などで、生地屋さんに寄りたいと優先順位を上げて家族を巻き込む割には、「それだけ？」と言われる分量。

『多分、決定力にも自信がないので、自然に最低適正量を考えてしまうのです』。

でも、黄色のプリント布は例外。きれいな発色の布にはなかなか出合えないので、見つけたときはまず買い求める。黄色はメインにもなるし、差し色にもなる。窮地を救う「お助けカラー」でもあるそうだ。

そして、欲しい布が一番手に入るお店は「キルトおぶはーと」。時代を読んだプリント柄が充実していて、じっくり検討できるのもライフスタイルに合っていると言う。

1：本格的な創作は、いつも「こんなのが作りたい、こんな材料で」と、イメージや具体的な製図の一部をできるだけ準備して、鷲沢先生に話すところから始まる。それまでには、今、自分は何がつくりたいのかを突き詰められるところまで考え、用意していく。キーワードで「タイムトンネル」となればそれはどんな形で？「花のリース」とイメージが来れば、その形は丸？ 四角？ 三角？どんな「技術」で表現する？ その技術は自分にあるの？ 全体の色味や布はどうするの？ 幾つもの選択と決定の自己判断が求められる中で、一つひとつ自分に問い、取捨選択をくり返し、そぎ落としてようやくやりたい方向が見えてくる。

2：核になる部分がある程度できたら、壁に貼り、距離を置いて確認。デザインの続きにくる布も脇に配置し、試し縫いのボーダーも置いて、次のステップを見極める。

3・4：綿張り（ベースティング）は、それぞれの作品を、クラスメートが協力し合って行う。次のキルティングがうまく行くために、自他問わず、注意深く丁寧に作業。ここだけが自分以外の手が加わるところだが、この大仕事を通過すれば、静かで愉しいキルティングタイムが訪れる。

Dans les coulisses de la création

キルトづくりの舞台裏 II

「三浦さんのキルティングしている姿は、動画を撮りたくなるくらい美しい佇まいなの。こちらも心洗われて、美しい気持ちになるくらい」と語る師匠の言葉通り、姿勢も指の針運びも美しくて速い。

キルトをつくる場所

リビングの横のダイニングテーブルが、百恵さんがずっとキルトをつくり続けてきた場所。そこは、「今度は何ができるの？」と家族が覗き込んで来、通り過ぎる場所。キルトづくりは小さな場所で間に合うとき、大きく広げて全体を見ないと前に進めないとき、などいろいろな制作段階がある。

組み立てをしているときは、片づけてしまうとわからなくなるので、テーブルは占領状態。家族の食事は「ごめんなさい。そちらのテーブルでお願い」になるらしい。家族は、それこそパッチワーク状態のように断片、断片でキルトワークを見ているけど、何がどうなるかは、皆目わからない。トップができて初めて「ああ、こうなったのか」と理解する。

こうして家族の息をする場所で、家族の時々の協力のもとで、いくつものキルトが生まれてきた。

時間

キルトがライフワークになった今、百恵さんはひとつの結論に思い至っている。

キルトを長く続けている人は、家族との生活が一番で、キルトは2番目または3番目に位置付けているから継続できているのだと、周りを見渡し、自分の今までを振り返りながら確信している。

毎日の生活を大切にし、まめに家事をこなしていると、自然にキルトをする時間を生み出すことができる。そういうリズムが自然にできてくるのを実感してきた。

三浦家は、家族が何日も留守のときもあれば、何日間も続けて24時間一緒のときもある。そんな時は、それぞれが自分のやるべきことや趣味に集中する。そうした時間の流れの中に、普通に食事の時間があり、お茶の時間があり、楽しい来客の訪問があったりしている。そんなことを一番大切にしてきた。

たまに締め切りのようなこともあるそうだが、家族との生活を犠牲にするようなことはしない。仮に3時間分遅れるようなことが起きたとしても、いつもより1時間ずつ多くして3日で取り戻せばいいと考える。そんな鷹揚な心の有様のスピードが、キルトの針目にも良く、結局長続きにつながってきた。

裏布について

百恵さんのキルトの裏布は、趣深い。裏布選びは、一にも二にも「トップ（表布）に合う雰囲気」を重視。その作品をつくっているときに、その時の心が求める裏布、それが一番合うような気がすると語る。

『綿張りをクラスメートとの協働で行いますが、いつもそこで、素敵な裏布を見ます。トップにぴったり合っていて、〈どこで買ったの？〉なんて会話もしょっちゅう。自分以外の数多くのキルトに触れ、自然に裏布選びも洗練されました』

そもそも鷲沢先生の教えが「トップに負けないくらい裏布選びは大切」との玉条があり、皆がそんな気持ちで選んでいるのだとか。この頃は、ひときわ優しい感じの雰囲気の裏布を好むようになっているそう。

キルトづくりの舞台裏 Ⅲ

Dans les coulisses de la création

右:『静寂の薔薇』の製図の名残。この何工程ものデザインや配色、製図から、尋常でない緻密な仕事ぶりが見えてくる。
上:携帯用の筆箱も、Coca - Colaの缶。高校生のときからのもの。

フランス

フランスがとても好き、と語る百恵さんが初めてフランスを訪れたのは14歳の頃。仕事だったと言う。真冬だったパリは、朝は8時、9時になってもまだ暗く、夕方は4時を過ぎたらすぐ暗くなってしまう重い印象で、14歳にとっては淋しすぎる街に映り、好きになれる雰囲気ではなかったそうだ。

その後も仕事で訪れる機会がたびたびあり、10代の終わり頃になると、街の印象が変わり始めてきた。固い石造りの建物や道、どんよりした空や街の落ち着きが好きかもしれないと思い始めたとき、街並みが美しく素敵に見えてきたのだと振り返る。

しかし、良さが分かってきた頃、今度はなかなか行く機会が遠のいていた。

でも、願いが通じるように、義姉家族がパリに住むようになって、今度は家族で訪れる機会に恵まれた。おかげで、まるでそこに暮らす地元っ子のように、気楽に気さくに普段のパリを楽しむ経験ができ、パリがまた一段と好きになったと言う。

タイトル

百恵さんの作品のタイトルには必ずフランス語が並記される。

コミュニケーションを可能にし、世界観を広げる外国語を、話せたり理解できたりしたらいいなあと、心の奥に秘めてきた。

『英語は苦手意識が先立ちましたが、フランス語はリズムとか抑揚が耳に心地よく、昔から好きだったのです』

話せるようになりたくて、フランス語が得意な友人から習っていたが、子育てが始まって自然消滅。でもキルトをつくるようになり、せめてタイトルは大好きなフランス語にしようと決めたと言う。キルトのこともよく知っていて、言葉選びのセンスも良いその友人に、作品とイメージを伝えて、ぴったりのフランス語を探してもらう。ごくごく簡単で、子どもが聞いてもすぐ理解できるような、なるべく短い言葉で…。

『作品はタイトルまでを付けることで、世の中に誕生し、存在が確立していくまるで子どものようなものだから、幸せになれる名前を付けてあげたいと思っています』

種を蒔く

小さなきっかけから始まったキルトづくりは、何もかもが波長の合う、自然に受け入れられるものだった。

自分の裁量で時間を紡ぎ出せること、知らない知識や技術を教えてくれる先生がいて背中を押してくれること、社会性のあるクラスメート全員に恵まれたこと、まるで歯車がしっかりかみ合っているような奇跡的な状況に、深い感動を覚えていると言う。

『あるテレビで見た、ご年輩の男性の言葉が、とても心に残っています。〈すべての人生において、人は人に種を蒔くために生まれてきた〉と。さらに、〈重要なことは人生に計画を立てないこと、心が人生を示してくれる〉とも。計り事ではなく、偶然を楽しむことが、思いがけずに人としての至福を与えてくれる、ということでしょう。私もそんなふうに愉しみ、そして、何かしら人のために種を蒔ける人になれたら、と思っています』と。

1・2：リボンもよく取り入れる素材。本当に気に入ったものを、かわいらしい缶に入れて、大切にしている。
3・4：キルトづくりでできた端切れも丹念につないで小物作品に。『花占い』に使ったリボンの端切れ。

Dans les coulisses de la création

キルトづくりの舞台裏 IV

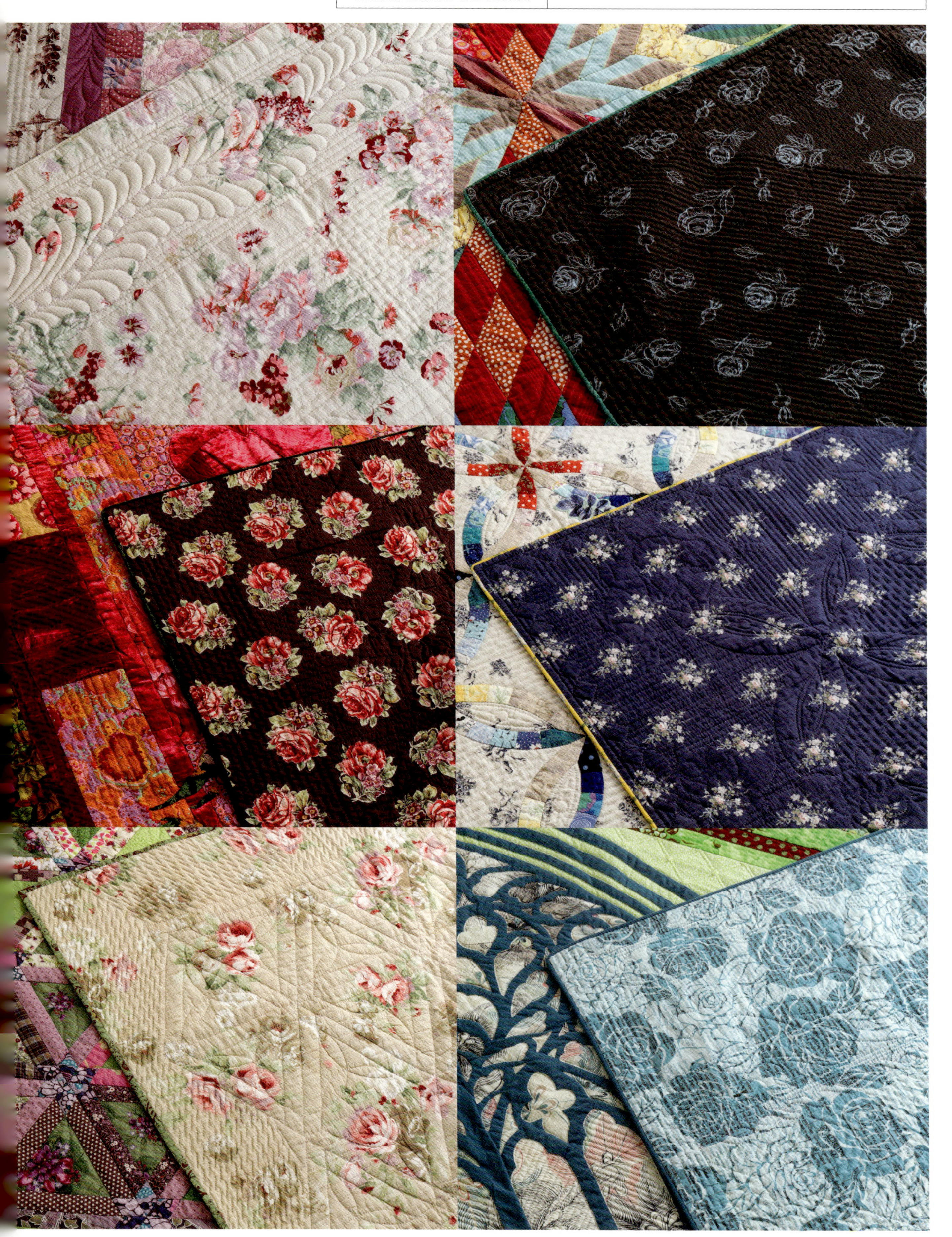

un peu, beaucoup, passionnément, à la folie, pas du tout

（花占い）

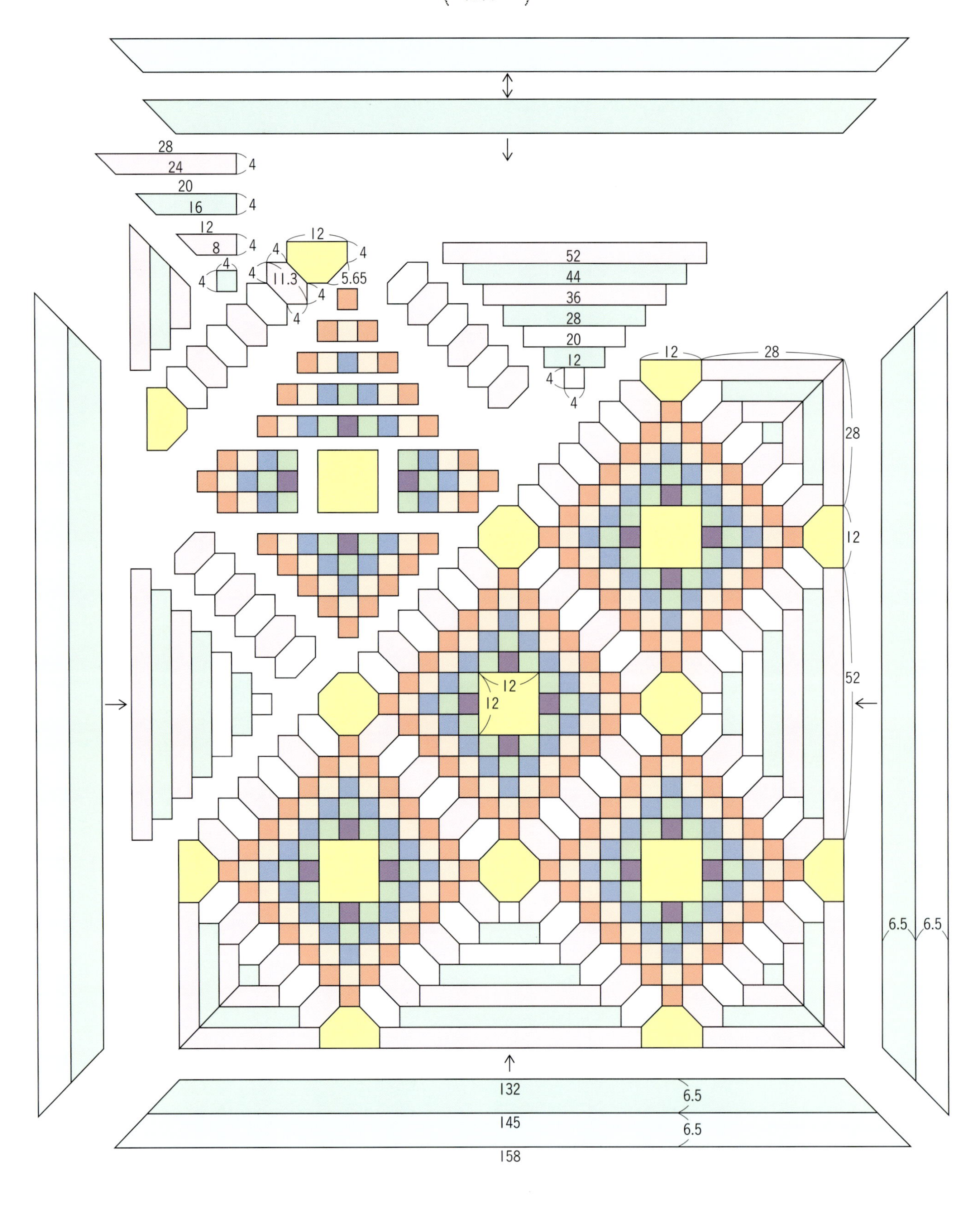

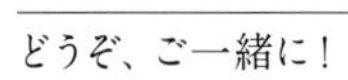

●19ページの作品
158×158cm

Joe's Quilt

（ジョーのキルト）

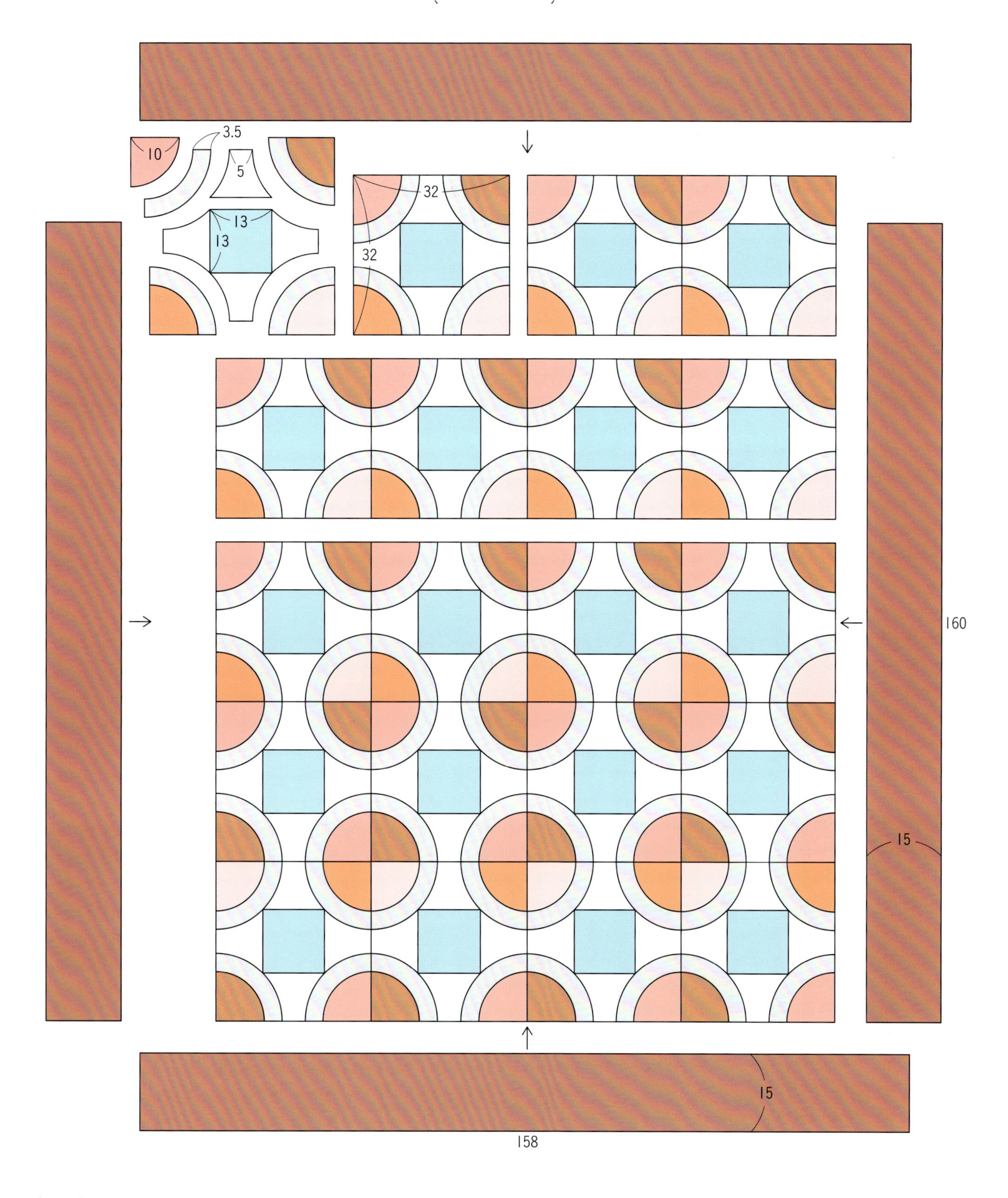

今回の作品の中から、カーブのあるパターンと、直線の組み込み型のパターンの作品を選び、製図を掲載しました。達成感を充分感じられる面白いデザインです。どうぞお好みの布で、自分流に楽しんでください。

●72ページの作品
158×190㎝

「キルトおぶはーと」の生徒になって、５年くらいが過ぎた頃。

三浦百恵さんの本の出版に寄せて

思いがけない出会いから32年、今でもその瞬間を思い出すことができます。

三浦百恵さんがちくちくと針を持ち続けてきた歳月が作品になり、
一冊の本になりました。
その本の巻末に私の思いを掲載させていただくことは光栄で、
大変な喜びを感じています。

さて、でも、三浦さんの何を書けばいいのか…、とても悩みました。
私はキルト作家であり、多くの生徒と共に長い年月を過ごしてきました。
〝その中で出会った多くの才能ある生徒のうちの一人〟
としての三浦さんの存在とキルト、
そして作品から滲み出る暮らしや人柄についてお話しすることにしました。

本来パッチワークキルトは暮らしの中でこそ輝く存在です。
キルトを作る人それぞれが、つくったものを生活で使うことができます。
その場所や用途は、本当に人それぞれ。
だからこそキルトというものには、無限の可能性があると信じています。
もちろん、三浦さんの作品も、家族それぞれのベッドカバーだったりと、
暮らしの中で使う目的が決まっていました。
その中でも一番多かったのは、

2010年、「キルトおぶはーと」主催の旅行で、英国・ヘミングフォード・グレイ村にある故ルーシー・マリア・ボストン夫人のマナーハウスに、彼女の創作の軌跡を訪ねたとき。

百惠さんの提案で訪れたロンドン・アビー・ロードで。

自宅のリビングの壁を飾るためのタペストリーキルトでした。
三浦さんのキルトは、ご覧いただいたように、
「温かく優しい雰囲気」を湛えています。
その中にも三浦さん独特の原色が上手く散りばめられ、
キルトを輝かすポイントになっています。
家族や友人たちが集う「リビング」というスペースを、
とても大切にしている方だと思います。
そしてそのスペースを温かく優しいものにしてくれるのが、
自らの手仕事で生み出したキルトなのではと。
そして、そこに色鮮やかに光り輝いているのが、
三浦さんが大切にしている人々なのでしょう。
出会った始めの頃に、「リビングにキルトを飾り、ベランダにキルトを干す光景が夢です」
とおっしゃっていたことを思い出します。
今はそれが叶い、
大きなキルトを飾ったり外したりは、友和さんがしてくれるそうです。

思えば、三浦さんの心の中には、いつも家族がいました。
今回の誰もが夢にも思っていなかった出版という出来事も
「引退してから今までの趣味をまとめていただける本なら良いのではないですか」
と友和さんからのアドバイスがあり、決められたと思っています。
三浦さんは、家族、とりわけご主人を敬愛しているようです。

「キルトおぶはーと」のアトリエで。

そしてもうひとつ、
昨今、パッチワークキルトに興味を持ってくれる若い世代が減っている事実は否定できず、
一抹の寂しさを覚えます。
けれど、いつの時代にも、この魅力に気付く人は、必ずいるはず。
一人でも多くの方々に、キルトの素晴らしさを伝えることが、私の願いです。
そのことを察して、10数年前から三浦さんは、
作品を全国の展覧会に出展してくださるようになりました。
そのような機会が余りにも多くなり、
これまで制作したたくさんの作品を、きちんと見つめ直してみたい気持ちが出てきたことも、
この度の出版のお話に結びついたのではないかと思います。
素晴らしい過去を持ち、現在の幸せを持ち、
日常を過ごしていらっしゃる三浦さんと、
キルトを通じて、同じ時間を過ごせていることに感謝しております。
生徒の皆さんと一緒に席を同じくしながらつくり上げた素敵なキルトの世界を、
三浦さんの本から感じていただけたらと思います。

出版を心待ちにしていたキルト作家・鷲沢玲子

鷲沢玲子　東京都出身。1970年代の、日本におけるパッチワークキルト草創期の作家。1980年に東京国立市に、教室とショップを兼ねた「キルトおぶはーと」を主宰。展示会を毎年開催しているが、なかでも2年毎に開催している研究生とのキルト作品展「キルトフェスタ」は毎回大きな話題を呼んでいる。伝統的なアメリカン・キルトをベースに、シンプルなオリジナルパターン、普及のために独自に編み出したトラプント技法、そして刺繍を取り入れた優美な作風は、人々を魅了し続けている。『鷲沢玲子のパッチワークキルト入門　プレーンキルト&サンプラーキルト』（日本ヴォーグ社）はじめ著書多数。

フルーツ オブ グレイス ツリー（恵みの木の実）

Fruits of the Grace tree

このキルトは、三浦さんからいただいた小さなさくらんぼのイヤリングも発想源になって制作を始めたのでしたが、奇しくも2019年の新作は、二人とも大きな円を描く共通のデザインになりました。どんな時でも日はまた昇るように、若葉が芽吹き、花を咲かせ、やがて実をつける木々の営みのくり返しを、幸せの象徴のように思っています。思いがけない今回の出版はまさに本人の努力による恵み。この作品で祝います。170×210㎝

あとがき

今、暮らしの中に「手仕事」の時間があることをとても幸せに思っています。

キルトに出会って32年。私のこれまでの人生の半分を超えています。これほど長い年月を続けて来られるとは、思ってもみなかったことで、ただ〝ひと針ひと針〟を止めることなく重ねて、気付いたら、つくって来たキルトも我が家での仕舞い場所に困るような枚数になっていました。

数年前、鷲沢先生から「いずれ作品集のような形で発表したら?」と言っていただきました。

夢のような大変うれしいお話ではありましたが、先生の弟子の一人として、正直なところ、まだまだ学ぶことの方が多く、さまざまなアドバイスをいただきながら一作一作必死で仕上げているような私が、作品集など出して良いものか悩みました。

日々の軽い雑談の中で、夫にそんな話をしたところ、「30年以上続けてきたことだし、還暦のいい記念になると思う。やってみたらいいんじゃない」という言葉が背中を押してくれました。

32年という時間は、言葉にするより、つくってきた作品一つひとつを改めて見返すことで、まるで書き続けてきた日記を読み返すように、そのキルトに向かい合っていたときの季節や感じた温度、身のまわりに起きた出来事、家族や友人と交わした言葉や心の動きなどがよみがえり、過ごしてきた時間の長さを実感することができます。

8年前の3月11日。東日本大震災。

東京で暮らす私でさえ、計画停電などで終わりの見えない不安でいっぱいでした。そんな不安を〝縫うこと〟が救ってくれました。

その時に縫っていた『夢を灯す』と名付けたそのキルトを見ると、あの時期の持って行き場のない不安な気持ちや、肌に感じた3月の気温がよみがえります。

あの時ちくちくと針を運びながら「どうか少しでも早い被災地の復興を叶えてください」と祈った思いは今も変わりません。

夫と相談をして、この作品集の出版にあたって生まれる利益があるならば、東日本大震災や、あれから日本各地で起きた災害などで、僅かでもお役に立てるように、寄付をさせていただこうと思います。

30数年にわたってご指導くださっている鷲沢玲子先生、日々のキルトづくりを温かく見守り続けてくれている私の家族、素敵な友人、クラスメート、そして日本ヴォーグ社の瀬戸信昭社長、編集の今ひろ子さんに心から感謝申し上げます。

この作品集は、思いがけず私の還暦の記念となりました。これからもひと針ひと針を大切に、時間を重ねてゆきたいと思います。

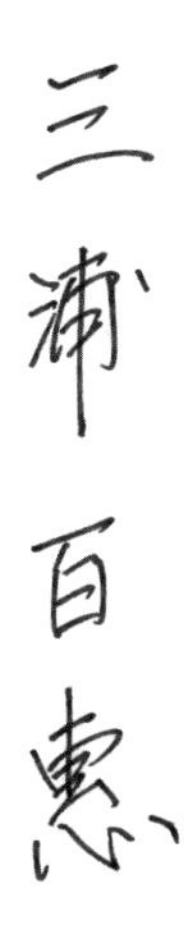

Friendship Quilt

フレンドシップ・キルトⅢ

クラスメートにお願いした思い思いのハートのパターンは、3作目のフレンドシップ・キルト。還暦の記念すべきキルトになりました。“ラウンドロビン”というキルト独特の制作スタイルで、クラスメートたちが自分の縫ったパターン部分にそれぞれ好きにキルティングしてくださり、仕上がりました。鷲沢先生、クラスメートの皆様に心より感謝いたします。

パターン提供者／鷲沢玲子　有木律子　石井節子　高橋淑子　竹内靖子　福永能文子

114×111cm　コットン　2019年5月

プロフィールと掲載作品作歴

三浦百恵 Momoe Miura

幼い頃から手仕事に興味があり、結婚後、友人にいただいたベビーキルトをきっかけに、独学でパッチワークキルトを始める。1988年より、鷲沢玲子さんに師事し、現在は「キルトおぶはーと」のインストラクタークラスに在籍。キルト歴は32年になり、その間につくった作品は、大小含め、100点を超える。一作一作丁寧につくったキルトは、展示会や雑誌を通して発表、多くの人から親しまれている。元歌手・女優。夫は俳優の三浦友和氏。長男はシンガーソングライター・歌手・俳優の三浦祐太朗氏、次男は俳優の三浦貴大氏。

「キルトおぶはーと」の転居時に百恵さんが贈ったナニワイバラの木。良い香りを放ちながら満開に咲くその花の前で5月に。

〈掲載作品作歴〉※制作年は完成時の年を記載

制作年	タイトル	寸法 ヨコ×タテcm	掲載ページ	書籍・雑誌掲載および主な展示会出展
1988	ファーストキルト（バスケットパターンのベビーキルト）	108×130	025	
1989	半纏（ドランカーズ・パス）	裄丈84、着丈77	044	
1989	ログキャビン・キルト　Log Cabin Quilt	203×228	106	
1989	クマのベスト	身幅43、着丈39	050	
1990	カラーパープル　The Color Purple	172×176	030	
1990	ダブルウエディングリング・キルト　Double Wedding Ring Quilt	102×102	098	
1990	三つ編みマット	220×163	104	★（2017年）
1990	サンタのベスト（兄・弟）	兄：身幅41、着丈40 弟：身幅41、着丈36	052	
1991	サンプラーキルト Ⅰ　Sampler Quilt	117×164	096	
1991	入園・入学のバッグ（兄・弟）	36×28	054	
1991	フェザースター・キルト　Feathered Star Quilt	77×77	101	
1992	12月の夢　un beau rêve du déc.	180×220	032	『QUILTFESTA Ⅲ』 1996年　★（2005年）
1992	大地の子守歌　Desire of Mother Earth	165×192	060	『鷲沢玲子 こどものキルト』日本ヴォーグ社 1993年 『キルトジャパン』日本ヴォーグ社 2008年11月号
1992	入園・入学の体操着袋（兄・弟）、バッグ（弟）、はさみ入れ	体操袋（兄）：32×38 体操袋（弟）：36×36 バッグ：40×29　はさみ入れ：口幅8、長さ20	055	
1992	たかひろさん5歳で始めて7歳完成のときのヘクサゴンキルト	66.5×78.5	062	
1993	サンプラーキルト Ⅱ　Sampler Quilt	124×124	097	
1994	巾着	25×26	103	
1994	ベスト	身幅102、着丈50	103	
1995	冬のブーケ un bouquet d'hiver	198×213	080	『QUILTFESTA Ⅲ』 1996年　『鷲沢玲子のパッチワークキルト入門2 トラプントキルト』日本ヴォーグ社 1996年 ◎国際キルト博'98 in Japan　★（2016年）　◆（2018年）
1996	ベッドキルト（兄）	120×208	057	
1996	ベッドキルト（弟）	117×202	056	
1996	フレンドシップ・キルト Ⅱ　Friendship Quilt	112×130	100	
1996	サンプラーキルト（友人との合作）	87×126	027	
1997	ぬくもり le temps doux	218×180	034	『QUILTFESTA Ⅳ』 1998年 『キルトジャパン』日本ヴォーグ社 1999年1月号　●（2007年）
1999	タペストリー　六角星	118×126	058	
1999	フレンドシップ・キルト Ⅰ　Friendship Quilt	66.5×88	099	
2000	春らんまん　Les Cornouillers	172×182	036	『QUILTFESTA Ⅴ』 2000年 『キルトジャパン』日本ヴォーグ社 2001年5月号 『キルトジャパン』日本ヴォーグ社 2009年5月号

2000	タペストリー　深海	175×224	059	
2002	夜想曲　Le Noctune	直径190	038	『QUILTFESTA Ⅵ』 2002年 『鷲沢玲子のパッチワークキルト　六角形でパッチワークレッスン』 文化出版局　2002年　★(2002年)
2002	傘	直径84、長さ45	039	
2003	ベビーシューズ　Wild Chrysanthemum	長さ11、はき丈7.5	083	『鷲沢玲子のキルティングデザインセレクション集』 日本ヴォーグ社　2003年
2003	あやめ	68×105	064	★(2003年)
2003	お稽古バッグ	53×45×6(まち幅)	103	
2003	人形		028	
2004	未来へ…　à Future	200×219	066	QUILTFESTA Ⅶ　キルトおぶはーと　2004年 『キルトジャパン』日本ヴォーグ社　2009年3月号 ●(2011年)
2005	ジョーのキルト　Joe's Quilt	158×190	072	『鷲沢玲子のパッチワークキルト HOMEキルト』日本ヴォーグ社 2005年　★(2017年)
2005	ビーズ織りのバッグ　エッフェル塔	16×21　フリンジ丈8	091	
2006	ランプシェード　Lamp shade	37(下部直径)×32 フリンジ丈3	084	
2006	ランプシェード　Lamp shade	38(下部直径)×34 フリンジ丈3	086	
2006	未来へ…　en Future deuxième partie	168×211	068	『QUILTFESTA Ⅷ』 2006年 『キルトジャパン』日本ヴォーグ社　2008年9月号
2006	ビーズ織りのバッグ　レジェンド・オブ・メキシコ	17×19　フリンジ丈4.5	089	
2007	フロリダ・スター　Florida Star	148×200	040	『鷲沢玲子のキルト 星に願いを』NHK出版　2007年
2007	ビーズ織りのギターストラップ	5×95	092､094	
2007	ビーズ織りのバッグ　マスク・オブ・ゾロ	18.5×21　フリンジ丈4	090	
2008	未来へ…　en Future troisième partie	189×221	070	『QUILTFESTA Ⅸ』 2008年 『キルトジャパン』日本ヴォーグ社　2009年7月号
2009	ギルバードの風　Le vent vert	133×228	074	『鷲沢玲子のキルト 赤毛のアンの部屋』NHK出版　2009年 ★(2009年)
2010	元気を出して!! Bon Courage Mes Amies (et Moi)	192×222	042	『QUILTFESTA Ⅹ』 2010年　★(2010年)　●(2010年)
2011	祈り　La Prière	226×169	022	『QUILTFESTA Ⅺ』 2012年　★(2011年) 『鷲沢玲子のパッチワークキルト入門　プレーンキルト&サンプラーキルト』日本ヴォーグ社　2011年　●(2015年)
2012	夢を灯す　Caressant un Rêve	116×166	109	『QUILTFESTA Ⅺ』 2012年　★(2012年)　●(2016年)
2013	花占い　un peu, beaucoup, passionnément, à la folie, pas du tout	158×158	019	『QUILTFESTA Ⅻ』 2014年　★(2013年)　●(2018年) ◆(2018年)
2014	天使たちの青い園　Le jardin bleu des angelets	166×166	020	『QUILTFESTA Ⅻ』 2014年　★(2014年)　◆(2018年)
2014	ウールのバッグ	36×42.5	102	『鷲沢玲子のパッチワークキルト 暮らしを楽しむバッグと小物』 主婦と生活社　2015年
2014	リングピロー　Initial and Pearl	24×18.5	082	『手づくり手帖』日本ヴォーグ社　2014年創刊号
2015	ポーチ(ヘデボ刺繍入り)	22×14×5.5(まち幅)	079	◆(2018年)
2015	ローラへ…　Le Vent Caresse les Champs	154×164	016	『QUILTFESTA XⅢ』 2016年　★(2015年)
2015	時計	直径21	029	
2016	静寂の薔薇　le silence, le calme, et la rose	184×213	012	『QUILTFESTA XⅢ』 2016年　★(2016年)　◆(2016年) ●(2017年)
2016	テディ・ベア　2点	身長54	101	
2017	エメラルド城への小径　UN'IMAGE	144×153	018	『QUILTFESTA XⅣ』 2018年　★(2017年)
2017	薔薇のミニキルト	26×24	009	◆(2016年)
2017	ベビーキルト(友人のお孫さんへのプレゼント)	106×106	028	
2017	小鳥2羽(フェルトに刺繍ワーク)	12×8	065	
2018	私の人生〜メグの場合〜　Voilà "Ma vie"	167×200	014	『QUILTFESTA XⅣ』 2018年　★(2018年)
2019	ようこそ！ Soyez les bienvenus!	164×164	008､010	★(2019年)
2019	エイトポインテッドスター・キルト Eight-Pointed Star Quilt	82×82	105	
2019	雪玉　Snowball	83×83	108	
2019	フレンドシップ・キルト Ⅲ　Friendship Quilt	114×111	125	

※『QUILTFESTA』は、キルトおぶはーとが2年ごとに開催しているキルト展の図録／★は「東京国際キルトフェスティバル」に出展作品、同図録に掲載／●は「私の針仕事展」出展作品／◆は「キルト&ステッチショー」出展作品

時間（とき）の花束
Bouquet du temps
ブーケ デュ タン
【幸せな出逢いに包まれて】

発行日／2019年8月29日
著　者／三浦百惠
発行人／瀬戸信昭
編集人／今 ひろ子
発行所／株式会社日本ヴォーグ社
〒164-8705
東京都中野区弥生町5丁目6番11号
TEL 03-3383-0613（編集部）
03-3383-0628（販売）
出版受注センター　TEL 03-3383-0650
FAX 03-3383-0680
振替／00170-4-9877
印刷所／大日本印刷株式会社
NV70531　ISBN　978-4-529-05901-5　C5077
Printed in Japan ©Momoe Miura 2019

【あなたに感謝しております We are grateful.】
手作りの大好きなあなたが、この本をお選びくださいましてありがとうございます。内容はいかがでしたでしょうか？ 本書が少しでもお役に立てば、こんなにうれしいことはありません。日本ヴォーグ社では、手づくりを愛する方とのおつき合いを大切にし、ご要望にお応えする商品、サービスの実現を常に目標としています。小社及び出版物について、何かお気づきの点やご意見がございましたら、何なりとお申し出ください。そういうあなたに、私共は常に感謝しております。
株式会社日本ヴォーグ社　社長　瀬戸信昭
FAX 03-3383-0602

特別協力
鷲沢玲子
キルトおぶはーと
〒186-0002　東京都国立市東1-10-56
TFL:042-576-9218

Special thanks
● ビーズ織り指導
佐古孝子（サコタカコ創作ビーズ織り）
〒141-0001　東京都品川区北品川5-8-15-102
TEL:03-3473-3264
● 仏訳（作品タイトル）
川手孝子
● 詩作
小山 薫（「心から形へ」 60、66、68、70ページ）

Staff
● ブックデザイン
アートディレクション／成澤 豪（なかよし図工室）
デザイン／成澤宏美（なかよし図工室）
● 撮影
渡辺淑克　本間伸彦（人物、大作キルト切抜き）　宮下昭徳（60・61、66～71、80・81、83ページ）　山本正樹（36、82ページ）　佐々木英豊（35ページ）　中野博安（75ページ）
● スタイリング
鈴木亜希子　井上輝美（35、61ページ）　岡本礼子（67、71、80～83ページ）
田中真紀子（75ページ）
● ヘアメイク
山崎由里子
● イラスト・トレース
森田葉子（株式会社WADE）
● 編集協力
石上友美　伊藤智菊　河合恵美（仏訳）　佐々木 純　沢路美子
● 編集、取材執筆
今 ひろ子

Thanks
・AWABEES
〒151-0051　東京都渋谷区千駄ヶ谷3-50-11　明星ビルディング
TEL:03-5786-1600
・株式会社バルビーブロー
〒151-0052　東京都渋谷区代々木神園町3-43
TEL:03-3465-1088

日本ヴォーグ社関連情報はこちら
（出版、通信販売、通信講座、スクール・レッスン）
https://www.tezukuritown.com/　手づくりタウン　検索
2019. D